新财经改革研究系列丛书

Study on the Economic Consequences of Audit Supervision

审计监督的经济后果研究

蔡程 著

东北财经大学出版社
Dongbei University of Finance & Economics Press

大连

图书在版编目（CIP）数据

审计监督的经济后果研究 / 蔡程著. —大连：东北财经大学出版社，2024.9
（新财经改革研究系列丛书）. —ISBN 978-7-5654-5436-3

Ⅰ.F239.22

中国国家版本馆CIP数据核字第2024SU4705号

东北财经大学出版社出版发行

　　大连市黑石礁尖山街217号　邮政编码　116025

　　网　　址：http://www.dufep.cn

　　读者信箱：dufep@dufe.edu.cn

大连永盛印业有限公司印刷

幅面尺寸：170mm×240mm　　字数：183千字　　印张：15.5　插页：1
2024年9月第1版　　　　　　　　　　2024年9月第1次印刷
责任编辑：时　博　王　莹　孙晓梅　王　斌　　责任校对：赵　楠
　　　　　周　慧　惠恩乐　赵宏洋　曲以欢
封面设计：张智波　　　　　　　　　　版式设计：原　皓
定价：75.00元

本书获得湖北经济学院学术专著出版基金资助

前言

在中国法律背景下，由于缺乏诉讼环境的制约，中国证监会处罚是对审计行业主要的监管方式，因此，研究中国证监会处罚对审计行业中各利益相关者的决策行为的影响具有重要意义。随着我国 A 股资本市场的迅速发展，上市公司会计信息质量越来越受到投资者及其他外部利益相关者的重视。在经济高质量发展的大背景下，探讨中国证监会处罚的经济后果具有重要的理论参考和实务借鉴意义。本书主要有以下四点创新：

第一，中国证监会的监管可以有效地约束行为和决策，本书的研究为中国证监会监管的实体经济效应提供了中国微观企业证据。已有研究集中关注"四大"所的声誉机制，将"四大"所作为研究对象，鲜有文献探索在我国注册会计师行业中本土大会计师事务所的声誉机制。本书的发现有助于进一步拓展和深化现有的审计研究，推动审计理论创新。基于信号传递理论，本土大会计师事务所（瑞华所）被处罚后，信息被投资者获取，资本市场会做出反应（即客户股票显著下跌）。此外，若资本市场对中国证监会处罚审计师有强烈反应，那么寻找市场反应的影响因素及不同场景下的市场反应将具有重要的意义。因此，本书又分组研究了不同审计师独立性、客户产权性质和公司审计师解聘速度等因素影响下客户市场反应的差异，该研究成果有助于拓展基于中国证监会处罚的客户股票市场反应影响因素研究（Michael，1990；杨忠莲、谢香兵，2008）。这项研究对今后研究会计师事务所和审计师以及上市公司高管行为具有一定的理论意义，同时也为我国在新时期实现经济高质量发展、培育经济增长的源泉和动力提供理论参考。

第二，本书的研究有助于深化对中国证监会处罚的认知，为审计委员会影响审计师选择的研究提供外生证据。在弱式有效的中国资本市场，审计师声誉机制可能与发达国家有一定的差别，本书的研究从审计师声誉视角丰富了审计委员会参与公司治理的相关研究。本书利用瑞华所被调查，"客户叛逃"这一外生事件，在既定审计委员会特征下，相对"干净"地识别了审计委员会独立性对审计师选择的影响。与此同时，与之前的文献多从"向上"优质审计师选择的角度进行研究不同，本书是从"向下"劣质审计师解聘的角度揭示审计委员会独立性对审计师选择的影响的。进一步地，通过验证产权性质和分析师跟踪情况不同时审计委员会独立性对审计师更换的影响，为前述研究提供更为精细的经验证据。

第三，本书基于被处罚会计师事务所客户层面，实证检验中国证监会处罚对被处罚审计师的客户解聘审计师的速度、继任审计师选择以及继任审计师审查的影响，为中国证监会监管处罚激发企业审计质量根本需求提供了中国的经验证据。验证监管有效性的途径之一是看中国证监会处罚是否会促使客户谨慎选择审计师，因此本书利用瑞华所被中国证监会立案调查事件，探讨了公司审计委员会独立性对审计师选择的影响。该研究从审计委员会角度拓展了有关审计师选择影响因素方面的相关研究（孙铮、于旭辉，2007；翟华云，2007；张敏等，2010；陈关亭等，2014；王兵等，2019），有别于之前主要关注由客户特征的内生变化驱动的审计师选择。本书利用瑞华所被中国证监会立案调查这一相对外生的事件，考察了审计委员会独立性对公司审计师选择的影响，可以从审计委员会角度拓展审计师选择影响因素的相关研究。与此同时，本书还发现，审计委员会独立性越高，其解雇声誉受损的瑞华所的速度越快，并且越愿意选择"十大"的审计师作为继任者。因此，本书的研究有助于澄清有关审计委员会参与公司治理的争议，并为进一步提高公司治理水平、规范审计委员会的运作提供理论依据和政策参考。

第四，中国证监会处罚是审计师行为差异的重要影响因素之一，本书的结论为监管机构发布的有关审计委员会制度改革实施效力提供了有用的经验证据。目前，我国几乎没有针对审计师进行诉讼索偿的案例，审计师面临的诉讼风险较低。前人的研究也表明，我国注册会计师承受的法律风险极低（刘峰、许菲，2002），因此，仅依靠自律性组织来进行监管是不现实和无效的，政府监管是必经之路（刘永泽、陈艳，2002）。本书发现，对会计师事务所监管处罚的认知有助于进一步加强审查，帮助揭示更多的财务重述行为。基于概率模型推导，瑞华所被中国证监会立案调查后，客户会面临更严格的审查。通过对比瑞华所和非瑞华所客户的重述概率，我们推导出实际的检测概率大约为2/3。这一发现也为中国证监会加强监管提供了有力的经验证据，从财务重述的角度验证了中国证监会的监管效力。本书发现，被中国证监会处罚后，客户转所后重述概率显著提高，因此需要继续使用行政手段来管理国家事务，包括加强对会计师事务所或注册会计师的监管，这有助于揭示更多的财务欺诈行为，以便不断提升我国上市公司的财务报表审计质量。

本书的出版得到湖北经济学院2024年学术专著出版基金的资助，在此深表谢意。

蔡　程

2024年9月

目录

1

导论

1.1　研究背景

过去几十年，中国经历了高经济增长率，2010 年我国 GDP 总值超过日本，成为世界第二大经济体。随着中国经济地位的提高，中国的资本市场越来越受到世界的关注。目前，中国经济已由高速增长阶段转向高质量发展阶段，这是党的第十九次全国代表大会报告中明确指出的。资本市场的健康发展离不开上市公司高财务报告质量，然而财务舞弊案件频发，如"辅仁药业分红爆雷""康得新银行存款造假"等，引起了投资者和媒体对上市公司审计质量的广泛关注。

作为审计行业的有效外部监管主体，中国证监会（CSRC）在监管上市公司、市场参与者和市场中介机构（如审计师）方面具有重要作用。在此背景下，研究中国政府的审计行政监管经济后果具有重要的现实意义。在发达国家（如美国）强大的法律环境中，涉嫌审计师比在其他司法管辖区更有可能被起诉。诉讼的威胁作为一种惩戒机制，有效地增加了美国审计师限制客户激进的会计处理的意愿（Schatzberg 等，2005），从而提高了审计质量。与发达国家不同，针对审计师的诉讼在中国很少见（Firth 等，2005），需要由中国证监会对未能履行法定义务的审计师进行制裁。在我国审计诉讼制度尚未健全的背景下，政府的行政监管仍然是保证上市公司审计质量的重要途径。

行政监管的集中体现是对注册会计师的审计失败或经营失败的揭露，并对相应责任人实施行政处罚。也就是说，行政监管会影响审计师的职业判断，因为在中国证监会对会计师事务所或者审计师个人进行监管处罚后，为了弥补行政处罚所导致的声誉受损或是防止再次被处罚，注册会计师会做出不同程度的反应。例如，注册会计师会选择更加努力工作，延长工作时间，执行完善的审计程序，增加更多的实质性测试，搜集更多的审计证据，甚至放弃风险评估中高风险的客户，以保证进行高质量的审计，而这可能导致审计师客户的减少或是审计收费的降低。

例如，审计合同是审计师与客户之间博弈后得到的结果，但这是建立在未考虑监管机构监管风险的前提下。如果审计师面临不同程度的市场监管处罚，他必然会做出不同的反应。一般来说，审计师会选择低风险的客户，而高风险的客户为了选择合适的审计师，可能需要付出更高的审计费用以弥补其重大错报风险。从监管实践来看，与"师所并罚"的方式相比，中国证监会处罚中的"重师轻所"具有负面效应（吴溪，2008）；被中国证监会处罚后，受罚会计师事务所的审计质量没有明显改进（王兵等，2011）；中国注册会计师协会的预防性监管使得被约谈审计师对收到风险提示的客户实施了更加稳健的审计，但并未表现出明显的"溢出效应"（吴溪等，2014）。

Defond和Zhang（2014）利用一个经济学框架，回顾并总结了当前有关档案审计研究的文献，但是档案研究存在的一个问题在于审计质量研究只能观察到最终结果，而无法观测具体的审计过程。同时，研究方法、实验设计和遗漏变量问题等因素会影响结果的准确性和可靠性（Dechow等，1995）。前人的研究较少地考虑审计行为中参与者因中国证监会处罚等受到的影响，本书为什么要研究中国证监会处罚的经济后果？因为中国证监会处罚会影响审计师不确定情况下的选择行为，影响投资者的资本市场参与行为，影响公司高管的财务管理行为。本书关注受到处罚后不同投资者采取的风险策略、不同公司高管的决策差异、不同审计师行为是否与监管的目的保持一致。通过前后比较分析，有助于发现当前监管模式的治理侧重点，从而有利于完善现有的监管制度。中国证监会监管审计行为的目的是防范执业风险，提升审计质量，保障投资者利益，因此，关于中国证监会处罚的研究在当前依法治国背景下具有重要的现实意义。

中国证监会监管是审计行业监管中外部监管的重要组成部分，自中国资本市场建立以来，中国证监会监管处罚为实现上市公司财务报告信息真实透明、公开公允披露起到了保驾护航的重要作用。2019年"白马股"康得新财务造假事件，引起了公众对其财务报告可信度的极大担忧，中国证监会随后对其审计师进行了立案调查，导致瑞华所声誉崩塌，随后瑞华所的审计客户和注册会计师合伙人出现了大规模流失，可见中国证监会的监管处罚受到了投资者和其他利益相关者的广泛关注。如果中国证监会认定舞弊的财务报告本应由审计师发现，但审计师没有这样做，那么该公司的审计师将受到制裁。在中国证监会监管处于主导地位的中国资本市场，当审计师受到中国证监会处罚时，A股市场投资者将做出何种反应？什么因素会影响客户的投资者市场反应呢？上市公司高管又会对被处罚的会计师事务所做出何种选择？治理结构不同的上市公司对审计师的选择是否存在差异？继任会计师事务所是否也会因此对被处罚会计师事务所的前任客户做出更严格的审查？2019年瑞华所被处罚事件为本书研究上述问题提供了答案。

一方面，瑞华所极具影响力，在被处罚前被称为内资第一大所，员工总数仅次于普华永道，收入总额在全国排名第六；另一方面，瑞华所的样本极具代表性，2019年康得新造假事件让为其提供财务报表审计的瑞华所声誉极度受损，之后几乎所有客户（超过94%的客户）都解聘了瑞华所。总之，这一事件为本书研究中国证监会调查的经济后果提供了绝佳的环境，为本书开展上述问题研究提供了难得的实验机会，有助于我们有效地解决实证研究中可能存在的内生性问题。结合国泰安中国股票市场研究（China Stock Market & Accounting Research，CSMAR）数据库中瑞华所客户的财务相关数据，本书对这几个问题的理论逻辑进行了推导，并通过实证研究进行了检验。

提高上市公司质量是资本市场的持久目标，也是国家主管部门对资本市场的长期监管预期。2005 年，中国证监会发布的《关于提高上市公司质量的意见》得到了国务院的批复和转发，要求其他下级单位学习和效仿；2014 年，国务院发布了"新国九条"，其中提到，为了促进资本市场健康发展，重要措施之一就是提高上市公司质量；6 年后，国务院再次就提高上市公司质量这项工作做出全面安排，印发了《关于进一步提高上市公司质量的意见》。之后的 5 年内，我国进入一个新的发展阶段，在以国内大循环为主体、国内国际双循环相互促进的新发展格局下，推动上市公司实现高质量发展，也是推动中国经济转型升级和资本市场成长蜕变、进一步提升上市公司财务质量的重要部署。

中国证监会对审计行业的监管处罚推进了中国资本市场高速增长和社会主义市场经济体制改革，构建了我国上市公司发展、经营所依赖的外部监管环境。本书旨在通过瑞华所被中国证监会立案调查事件，结合中国现实制度环境与市场环境，探索中国证监会处罚后投资者、上市公司、审计师的决策和行为反应。一方面，从公司角度来看，为中国证监会的审计行业监管处罚优化企业生存环境、提高上市公司群体治理水平、激发市场活力、推动中国高质量发展的实践提供理论证据，也为审计相关政策、制度和外部监管的完善提供理论支持；另一方面，基于瑞华所客户解聘的契机，为企业审计师选择、治理结构设计、审计行为的制度性影响提供外生的、中国的证据和解释，为强化资本市场枢纽功能，加快构建新发展格局，构建更加成熟、更加定型的上市公司监管制度体系提供现实理论指导。

1.2　研究内容与框架

审计被认为是公司治理外部监督的有效机制，这源于代理理论（Jensen 和 Meckling，1976）。无论是对于审计需求还是审计供给，审计师只能合理保证财务报表整体不存在重大错报。然而随着经济的发展，广大外部信息使用者对信息的要求有了明显提高，审计师目标与外界对审计师提供的审计质量目标间的差距越来越大。期望差距的增大使审计师的社会关注度有了大幅提高，对审计监管的需求也愈发强烈。审计的信息假说指出，信息的使用者依据审计信息能够做出理性决策，这是因为审计可以提高信息的可信任度，从而降低信息不对称程度（Wallace，1980）。审计的信号传递假说提出，上市公司为了向外界传递公司会计信息质量较高、信息风险较低的信号，会选择高审计质量的注册会计师为公司进行年报审计以获得竞争优势，因为聘请国际会计师事务所的企业股票能够获得较高的市场定价（Datar 等，1991）。审计的保险假说认为，审计应同时具有鉴证作用和风险转移的保险作用（Dye，1993），但是审计保险作用的存在有两个必要条件：一是立法制度能够保障投资向审计师寻求代位求偿的权利；二是审计师个人及其所在的会计师事务所有"深口袋"，能够支付其需要支付的赔偿。

本书利用 2019 年因瑞华所审计的康得新公司财务造假，中国证监会对瑞华所立案调查，导致瑞华所审计客户大规模流失这一事件作为研究外生冲击，利用我国 A 股上市公司数据，实证考察了中国证监会处罚对资本市场投资者、上市公司审计师选择和继任审计师审计行为的影响。在制度背景方面，本书依据《董事会审计委员会运作指引》（2018）、《中华人民共和国证券法》（2020），论证中国证监会处罚可能产生的经济后果。我们以中国版"安达信事件"瑞华所被处罚为研究背景，以信号传递理论、代理理论和保险理论为理论框架，探索中国证监会处罚瑞华所后各利益相关者的行为，进一步分析不同分组情况下的实际效应。同以前文献不同的是，本书基于瑞华所被立案调查后，投资者、公司高管和审计师之间的差异性来研究中国证监会对审计师处罚后各利益相关者的行为决策。本书包括以下三个部分：

1.2.1　证监会处罚与市场反应：审计师声誉的视角

审计师的声誉与审计报告反映的感知和实际质量水平直接相关。如果审计师的声誉受损，审计报告向财务报告使用者提供的保证水平也较低，财务报表的收益和账面价值可能被夸大而没有被审计师标注出来。当中国证监会对审计师进行处罚时，意味着审计师的声誉受到了损害，基于信号传递理论，审计师的声誉关系着客户的财务报告质量，因此，投资者基于对中国证监会处罚的认知，在资本市场会做出相应的投资决策。投资者会做出卖出股票的决策，导致声誉受损的审计师审计的上市公司股价下跌。

首先，本书考察了 2019 年 7 月 8 日中国证监会因康得新财务造假对瑞华所启动调查后，瑞华所 2018 年的审计客户的市场反应。为了确定事件日的影响力，本书采用百度关键词搜索指数，对瑞华所相关的关键词（"瑞华会计师事务所"和"瑞华"）进行了分析，发现在瑞华所被调查日和瑞华所发布澄清工作说明日，有关瑞华所的搜索指数达到了近几年的高峰，远超均值数倍。结果显示，瑞华所被中国证监会立案调查导致其客户股价下跌，CAR 均值显著为负。其次，为了考察审计师的声誉受损是如何影响客户市场反应的，在控制了行业及其他影响因素的条件下，本书立足于审计师独立性和公司产权性质分别进行回归分析。我们选取这两个权变性因素的理由是：第一，从审计师角度，审计师独立性会直接影响审计师的执业行为，进而影响审计质量，审计师的声誉受损会导致其审计的上市公司财务报告可信度降低，独立性较低的公司的财务报告可信度会比独立性较高的公司更低，负面市场反应也会更强烈。第二，从公司角度，客户产权性质会直接影响其对审计质量的需求，在国有企业中，审计师独立性对市场负面反应的弱化作用会更强。第三，本书发现，瑞华所为了澄清其失误而发布的关于康得新公司审计工作公告并没有得到投资者认可，澄清公告日的客户公司股价出现了明显的下跌；在进一步分析瑞华所客户解聘瑞华所的公告内容时发现，其客户并非选择更多的"四大"所为继任会计师事务所，且大都出于经营和业务需要的原因而解聘瑞华所。较快解聘瑞华所的客户，其公告期内 CAR 均值较高。

通过分析中国证监会对声誉受损的瑞华所立案调查对瑞华所客户市场反应的影响，本书为研究审计师的声誉提供了微观证据，也为研究中国内资会计师事务所具有高质量声誉机制提供了中国的证据，为研究审计师独立性影响财务报告可信度克服了已有文献存在的内生性问题，为我国现阶段实施审计行业监管、为经济增长和国内大循环提供了实践指导。

1.2.2 证监会处罚与审计师选择：审计委员会的视角

从安达信会计师事务所的倒闭、《萨班斯-奥克斯利法案》的通过、美国大审计公司的数量从八家减少到了四家（德勤、普华永道、安永、毕马威），到中国第一大所瑞华所的"名存实亡"，《董事会审计委员会运作指引》（2018）、《中华人民共和国证券法》（2020）的颁布，前所未有的监管变化从根本上改变了审计和保证服务的提供和采购，以及客户的公司治理机制。考虑到审计职能的历史发展，特别是上述监管改革以及审计市场的集中化，我们发现，审计师的选择对监管者、投资者和学者都非常重要。新古典经济学认为，审计服务是一种经济商品，因此应该在审计服务市场的典型供求互动中得到观察。由于这种市场的相互作用，人们期望审计服务在许多方面是不同的（Simunic 和 Stein，1987）。

上市公司审计委员会是审计师选择的第一责任人。《董事会审计委员会运作指引》（2018）指出，A 股上市公司聘请或更换审计师的决定必须经过审计委员会讨论并通过后，才能提交给董事会进行审理。而审计委员会履行职责的一个重要保证是其独立性。审计委员会独立性越高，越有利于发挥选聘审计师的治理作用。聘用审计师和组建审计委员会本就是公司内部治理机制的体现，存在较强的内生性问题，本章借由外部事件冲击，在既定的审计委员会结构下考察审计委员会独立性是否有助于更好地选择外部审计师。

本书基于 2018 年被瑞华所审计的上市公司数据，通过瑞华所被中国证监会立案调查，客户大规模解聘瑞华所这一外生事件，采用普通最小二乘法（Ordinary Least Square，OLS）回归模型，考察了审计委员会独立性对审计师选择的影响。同时，为了使结果更稳健，本书控制了公司特征、公司治理层面和审计师特征层面等变量，还控制了行业固定效应，发现独立性越高的审计委员会，解聘声誉受损审计师的速度越快。在解聘速度较慢的公司，审计委员会独立性越高，越倾向于聘用"十大"会计师事务所。

为了使机制更加丰富，本书考察了两个权变性因素的影响：一是外部分析师关注度。本书考察了当审计师的声誉受损时公司审计委员会独立性对审计师选择的影响，但公司审计委员会在做出审计师选择决策时，不仅审计委员会独立性会对其决策产生影响，外部分析师关注度也会对其审计师选择决策产生影响。外部分析师作为公司财务报告信息的解读者，能够通过声誉模式和信息挖掘模式直接影响市场（张宗新、杨万成，2016）。外部分析师关注度高的公司，审计委员会发挥的治理作用更强，面对审计师的声誉受损时，公司会更快地解雇其审计师并寻找新的继任者。二是公司产权性质。在我国，国有企业受政府支持力度较大，受政府干预也较多，治理范式存在诸多不同。第一大股东为非国家股股东的公司治理水平更高（徐晓东、陈小悦，2003）。国有企业和非国有企业面对审计师的声誉受损时，公司审计委员会发挥的治理作用也会有所区别。在此背景下，国有企业对高质量审计师的需求较小，其公司审计委员会提供的治理作用也会较弱。

此外，本书还考察了审计委员会独立性、解聘及时性与市场反应之间的关系，解聘较快的客户公司能够向外部投资者释放其财务报告质量较高的信号，公司解聘公告的延迟可能增加与财务报表提供的决策相关信息的不确定性，正如投资者对盈余公告延迟的担忧一样（Pawlewicz，2018），表现为更消极的市场反应。本书发现，相对于较慢解聘瑞华所的客户，解聘速度更快的公司市场反应更积极，且审计委员会独立性越低，解聘速度与公司市场反应之间的正向关系越显著。

通过瑞华所被中国证监会立案调查后，审计委员会独立性对于声誉受损的"污点"审计师选择影响的证据，一方面，本书从审计委员会独立性的角度回答了公司对"污点"审计师的选择，有助于澄清有关审计委员会参与公司治理的争议，也有助于从"向下"的审计师解聘角度为理解审计师选择提供"硬币另一面"视角，为提高公司治理水平以便与不断变化的审计环境相匹配提供了理论指导；另一方面，本书考察了监管机构监管处罚的制度红利，为监管机构发布的有关审计委员会制度改革实施效力提供证据和理论参考。

1.2.3 证监会处罚与加强审查：继任审计师和其他外部监管者的视角

本章旨在深入考察中国证监会处罚后继任审计师和其他外部监管者的行为。代理成本指出，由于管理层只拥有相对较少的公司股权，可能倾向于做出违法违规行为，即使对公司来说，事件的成本也可能超过收益，财务舞弊同样如此。以往的研究多对财务舞弊事件的前置因素和经济后果进行分析，却忽略了实际财务舞弊事件中机制的探索。

财务舞弊事件实际上是公司舞弊行为和外部检查行为的联合事件（上市公司财务重述披露概率=上市公司财务舞弊概率×检测概率）。中国证监会处罚的经济后果体现在审计师行为的变动中。就市场层面而言，被处罚的审计师可能面临市场份额减少、吸引新客户能力减弱等问题。对于未被处罚的审计师来说，在选择接纳那些被处罚审计师的客户时，需要做出更多的努力，提高审计质量，以避免声誉受损甚至受到监管者的处罚；同时，被处罚审计师的客户也会受到更多的监管者、外部分析师和投资者的关注，因此财务舞弊/错误被揭露的概率也会大大增加。本书借助瑞华所被中国证监会立案调查，审计客户大规模转所这一事件，联立瑞华所客户和非瑞华所客户财务重述概率模型方程，推断出实际检测概率均值为70%，即在实践中，仍有30%的财务舞弊事件未被检测发现。

本书首先采用公司总资产、盈利能力、杠杆率以及行业分布作为客户财务重述的影响因素，实证比较瑞华所客户和非瑞华所客户是否具有财务舞弊本质差异。其次，本书分析了瑞华所客户和非瑞华所客户在会计信息质量和财务舞弊概率上是否具有显著差异。最后，本书构建了审计保险理论成本及风险模型，利用瑞华所被中国证监会处罚这一事件，分析了被处罚审计师的客户转所后其财务重述概率的增加，从而推断出实际财务重述检测概率。

一直以来，关于审计行业到底是选择自律监管还是政府监管的争论喋喋不休。自律监管能够减少监管资源的投入，降低监管成本，但可能面临高额的造假成本。本书分析了加强监管所带来的财务重述增加，为加强政策监管的效果和收益提供了理论支持和现实依据。

通过考察瑞华所被立案调查后其客户的财务重述概率，一方面，丰富了财务重述的制度性影响因素研究，尤其是中国证监会监管的影响；另一方面，从财务重述带来的负面市场反应视角考察了中国证监会处罚的实体经济效应，打破了已有文献成本收益权衡问题和对政府监管成本高昂的担忧。

本书总结了研究结论，并提出中国证监会处罚的政策启示与建议：如何促进注册会计师职业进步、强化审计师的法律责任意识、规范和持续推动审计行业发展等。

1.3 研究思路和框架

本书的基本思路如图1-1所示。

本书内容共分为7章，分别从理论和实证层面深入地对中国证监会处罚后的市场反应，中国证监会处罚后客户公司审计师选择和继任审计师、监管者及其他利益相关者加强审查等方面进行了理论推导和实证检验。各章的具体内容如下：

第1章，导论。在导论中，详细介绍了瑞华所被处罚的事件背景和因此导致的经济后果，并在大的框架下展示了本书的研究方向、研究方法、研究意义和主要创新点等内容。

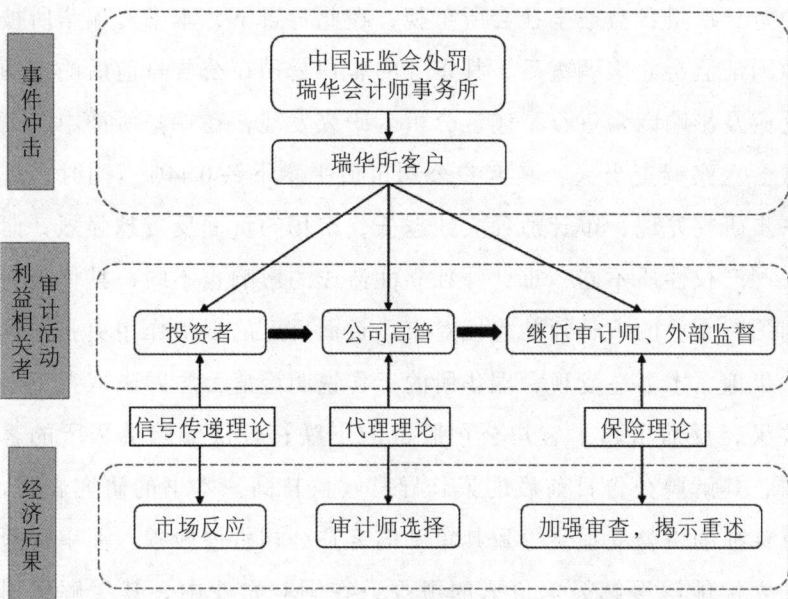

图1-1 本书的基本思路

第2章，研究现状综述。本章首先从审计行业政府管理的成因开始进行研究；其次对上市公司特征、会计师事务所特征、审计师特征和外部环境等能够影响审计监管处罚的因素进行概述；最后对中国证监会处罚的影响研究现状进行概括和总结，主要包括监管处罚对客户组合、审计费用和审计质量的影响。

第3章，研究背景及理论分析。首先，本章对审计服务市场化、审计师法律责任制度、会计师事务所内部治理和公司内部治理机制——审计委员会等制度背景进行了分析；其次，基于审计的三大理论假说——代理理论、信号传递理论和保险理论——分析了以往文献中有关美国证券交易委员会（SEC）处罚和审计行为之间的关系及处罚后的经济后果，为本书的后续研究提供了理论框架。

第4章，证监会处罚、审计师独立性和客户价值。上市公司的审计质量日益被全社会所重视，在此背景下，本书对瑞华所被中国证监会立案调查后，其审计的客户公司在公告日前后的市场反应及影响因素进行了实证分析。研究发现，在瑞华所被中国证监会立案调查当天，其客户公司市值平均下跌0.44%。同时，进一步研究发现，审计师独立性越低，市场的负面反应越强烈；而公司产权性质不同，审计师独立性造成的影响也不同，具体表现为国有企业的审计师独立性对市场负面反应的抵消作用更强。进一步地，本书还发现，瑞华所的工作说明澄清公告并未取得正面效果，反而引起了客户公司股价的下跌；较快解聘瑞华所的客户，其解聘公告日前后的累计异常收益较高。本书的研究表明，审计师的声誉受损会导致其审计的客户公司价值毁损。而审计师独立性能够缓解公司价值的毁损，在国有企业中，其缓解作用更强。

第5章，证监会处罚、审计委员会独立性和审计师选择。2019年瑞华所因康得新财务造假案被中国证监会立案调查，为研究公司审计师选择提供了相对外生的环境。研究发现，瑞华所被立案调查后，91%的客户对瑞华做出了解聘决定，客户公司审计委员会独立性越高，解聘瑞华所的速度越快；进一步研究还发现，在非国有企业和外部分析师关注度高的样本中，审计委员会独立性对解聘瑞华所速度的正向影响更为明显。解聘瑞华所后，公司审计委员会独立性越高，越倾向于聘用"十大"会计师事务所。此外，本书还考察了审计委员会独立性、解聘及时性与市场反应之间的关系，发现相对于较慢解聘瑞华所的客户，解聘速度更快的公司市场反应更积极，且审计委员会独立性越低，解聘速度与公司市场反应之间的正向关系越显著。上述结论表明，公司审计委员会独立性越强，越注重聘请声誉良好的审计师。本书借助瑞华所被立案调查事件，有效克服了企业在审计师选择过程中可能存在的自选择问题，为审计委员会如何参与公司治理提供了直接、外生的证据。

第6章，财务重述的检测概率推导。财务重述实际上是公司财务舞弊和外部审计师审查的联立事件，即财务重述概率=公司舞弊概率×检测概率。2019年瑞华所的客户因瑞华所被立案调查而大规模解聘瑞华所，并选择其他会计师事务所作为继任审计师，考虑到瑞华所的声誉受损，继任审计师和外部投资者、监管部门和外部分析师等都会对其给予更多的关注，导致其检测概率大大提高。本书提出假设：①瑞华所客户和非瑞华所客户在瑞华所被调查前，并无财务舞弊概率的实质差异；②瑞华所客户在解聘瑞华所后，其财务重述检测概率大幅度提高，接近100%。在联立瑞华所客户和非瑞华所客户的财务重述概率方程后，我们推断出仅有70%的财务舞弊被检测发现。根据2019年A股上市公司总市值，舞弊行为的年度成本为514亿元人民币，即使中国证监会的监管处罚只能使财务舞弊行为概率下降0.1%（相对下降2.6%），所带来的财务舞弊收益（即舞弊成本减少值）也是很可观的。本书结论为监管部门推进审计行业的监管处罚、加强对财务舞弊的管控提供了理论参考和实际依据。

第7章，证监会处罚的政策启示与建议。本章主要是在研究结论的基础上提出启示和建议，包括注册会计师职业化、强化审计师法律责任和持续推动审计行业监管等。

本书的基本内容框架如图1–2所示。

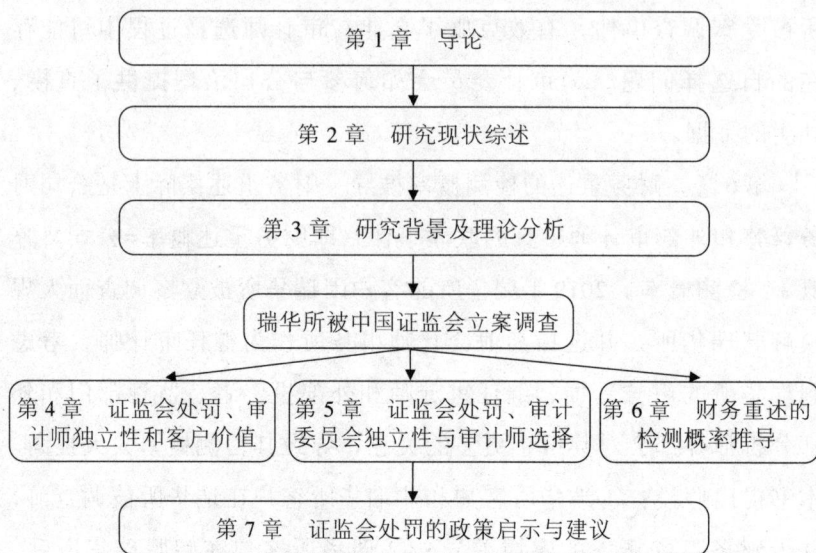

图 1-2 　本书的基本内容框架

1.4 　研究方法

1.4.1 　规范研究

　　参照前人的研究方法和研究理念，本书采用了理论推导和实证研究两种方法。在理论推导方面，通过通读主要文献、进行逻辑上的推导总结、提出理论假设等。本书首先对中国证监会处罚与各利益相关者行为关系及后果的文献进行了搜集、分析和总结，结合瑞华所被中国证监会立案调查的背景，从投资者、公司高管和审计师三个最为重要的利益相关者角度进行了分析；同时，通过研读2020年《中华人民共和国证券法》，为中国证监会处罚的经济后果及政策建议研究寻求显性意义。其次，本书对前人关于审计监管的相关理论进行了追溯，在精读经典文献的基础上，广泛阅读最新文献，保持对国内外中国证监会处罚领域文献的敏感度。在对已有研究进行文献综述的基础上，探索本书对已有文献理论框架的补充贡献，明确本书的文献定位。最后，本书在会计师事务所或审计师被中国证监会处罚后，比较了审计师客户的市场反应差异以及公司审计师选择方面的差异，同时，就审计师加强审查的制度背景和理论基础以及研究假设进行了推导。

1.4.2 实证研究

为了考察中国证监会处罚对企业投资者、公司高管和审计师三个最为重要的利益相关者的影响，根据本书的研究框架，基于中国证监会对瑞华所立案调查的背景、手工搜集的上市公司审计委员会数据和瑞华所被客户解聘时间数据，以及 CSMAR 数据库中的上市公司财务数据，运用普通最小二乘法回归、Probit 回归等实证分析方法，研究了中国证监会处罚后，被处罚审计师客户的市场反应、客户的审计师选择，利用概率模型推导审计师加强审查，推导财务重述实际检测概率等问题。为了使本书的结果更加稳健，我们通过样本分组、指示变量更换等方法进行稳健性测试。

1.5 研究创新点

在中国法律背景下，由于缺乏诉讼环境的制约，中国证监会处罚是对审计行业主要的监管方式，研究中国证监会处罚对审计行业中各利益相关者的决策行为的影响具有重要意义。随着我国 A 股资本市场的迅速发展，上市公司会计信息质量越来越受到投资者及其他外部利益相关者的重视。在经济高质量发展的大背景下，探讨中国证监会处罚的经济后果具有重要的理论参考和实务借鉴意义。本书主要有以下四点创新：

第一，中国证监会的监管可以有效地约束行为和决策，本书的研究为中国证监会监管的实体经济效应提供了中国微观企业证据。已有研究集中关注"四大"所的声誉机制，将"四大"所作为研究对象，鲜有文献探索在我国注册会计师行业中本土大会计师事务所的声誉机制。本书的发现有助于进一步拓展和深化现有的审计研究，推动审计理论创新。基于信号传递理论，本土大会计师事务所（瑞华所）被处罚后，信息将被投资者所获取，资本市场会做出反应（即客户股票显著下跌）。此外，若资本市场对中国证监会处罚审计师有强烈反应，那么寻找市场反应的影响因素及不同场景下的市场反应将具有重要的意义。因此，本书又分组研究了不同审计师独立性、客户产权性质和公司审计师解聘速度等因素影响下客户市场反应的差异，该研究成果有助于拓展基于中国证监会处罚的客户股票市场反应影响因素研究（Michael，1990；杨忠莲、谢香兵，2008）。这项研究对今后研究会计师事务所和审计师以及上市公司高管行为具有一定的理论意义，同时也为我国在新时期实现经济高质量发展、培育经济增长的源泉和动力提供理论参考。

第二，本书的研究有助于深化对中国证监会处罚的认知，为审计委员会影响审计师选择的研究提供了外生证据。在弱势有效的中国资本市场，审计师声誉机制可能与发达国家有一定的差别，本书的研究从审计师声誉视角丰富了审计委员会参与公司治理的相关研究。本书利用瑞华所被调查，"客户叛逃"这一外生事件，在既定审计委员会特征下，相对"干净"地识别了审计委员会独立性对审计师选择的影响。与此同时，与之前的文献多从"向上"优质审计师选择的角度进行研究不同，本书是从"向下"劣质审计师解聘的角度揭示审计委员会独立性对审计师选择的影响。进一步地，通过验证产权性质和分析师跟踪情况不同时审计委员会独立性对审计师更换的影响，为前述研究提供更为精细的经验证据。

第三，基于被处罚会计师事务所客户层面，实证检验中国证监会处罚对被处罚审计师的客户解聘审计师的速度和继任审计师选择以及继任审计师审查的影响，为中国证监会监管处罚激发企业审计质量根本需求提供了中国的经验证据。验证监管有效性的途径之一是看中国证监会处罚是否会促使客户谨慎选择审计师，因此本书利用瑞华所被中国证监会立案调查事件，探讨了公司审计委员会独立性对审计师选择的影响。该研究从审计委员会角度拓展了有关审计师选择影响因素方面的相关研究（孙铮、于旭辉，2007；翟华云，2007；张敏等，2010；陈关亭等，2014；王兵等，2019），有别于之前主要关注由客户特征的内生变化驱动的审计师选择。本书利用瑞华所被中国证监会立案调查这一相对外生的事件，考察了审计委员会独立性对公司审计师选择的影响，可以从审计委员会角度拓展审计师选择影响因素的相关研究。与此同时，本书还发现，审计委员会独立性越高，其解雇声誉受损的瑞华所的速度越快，并且越愿意选择"十大"的审计师作为继任者。因此，本书的研究有助于澄清有关审计委员会参与公司治理的争议，并为进一步提高公司治理水平、规范审计委员会的运作提供理论依据和政策参考。

第四，中国证监会处罚是审计师行为差异的重要影响因素之一，本书结论为监管机构发布的有关审计委员会制度改革实施效力提供了有用的经验证据。目前，我国几乎没有针对审计师进行诉讼索偿的案例，审计师面临的诉讼风险较低。前人的研究也表明，我国注册会计师所承受的法律风险极低（刘峰、许菲，2002），因此，仅依靠自律性组织来进行监管是不现实和无效的，政府监管是必经之路（刘永泽、陈艳，2002）。本书发现，对会计师事务所监管处罚的认知有助于进一步加强审查，帮助揭示更多的财务重述行为。基于概率模型推导，瑞华所被中国证监会立案调查后，客户会面临更严格的审查。通过对比瑞华所和非瑞华所客户的重述概率，我们推导出实际的检测概率。这一发现也为中国证监会加强监管提供了有力的经验证据，从财务重述的角度验证了中国证监会的监管效力。本书发现，中国证监会处罚后，客户转所后重述概率显著提高，因此，在社会主义市场经济下，需要继续使用行政手段来管理国家事务，包括加强对会计师事务所或注册会计师的监管，这有助于揭示更多的财务欺诈行为，以便提升我国上市公司的财务报表审计质量。

2

研究现状综述

审计行业的发展经历了一个从放任主义到逐步加强管制的历史过程，对审计行业进行监管的主要原因在于审计市场中的信息不对称以及审计行业发展的需求。在审计市场中，当市场化机制相对不那么完善时，政府监管往往能够有效提升审计质量。政府管制是指政府直接对审计行业的微观事务加以监管，此时政府会颁布具体的审计行业法规，同时对行业内职业资格的认定以及监督处罚等进行规定。政府管制由于有国家强制力作为后盾，因此管制成本较低，而且管制效果也较好，但是由于政府管制的灵活性较差，不能及时针对行业发展出现的问题做出反应。在本书中，政府主要指中国证监会。本章总结并评析了政府管制的主要内容。

2.1 审计行业政府管制的成因

审计行为作为信息征信及投资者利益保护的重要手段，在资本市场中起着至关重要的作用。由于审计行为直接影响各方的利益选择，因此如何对审计行业进行监管就成为审计师、监管者、上市公司，以及投资者共同博弈的内容，而博弈的焦点之一就是审计行业的监管模式与监管内容。20世纪初，审计服务逐步发展起来，早期的审计行业处于一种放任状态，随着资本市场公众信任危机的不断爆发，审计行业放任自由的弊端逐步显现出来，由此审计行业进入了政府管制时期。

以美国资本市场审计行业为例，几乎每次管制的实施都伴随着公众信任危机，以及审计未能保护投资者利益的广泛批评。按照管制经济学的观点，这实际上是对行业放任主义所导致的两大缺陷的反应，即外部性及信息不对称性。就审计市场而言，除外部性和信息不对称弊端外，为了保护审计行业的良性发展，避免行业龙头进行垄断，也需要引入外部的行业监管制度进行管控。

2.1.1 审计的外部性

从本质上说，外部性是指某个经济体对其他经济主体造成的影响，却又无法通过市价进行交易。审计活动具有一定的外部性特征（Scott，2006），如被审计的上市公司向审计师支付了全部的审计费用，并将被审计的财务报表向社会大众公开披露，使公司其他利益相关者对公司财务信息的需求也得以满足，如投资者、债权人和政府监管部门等。在大多数时候，这类需求是无须支付费用的，因此上市公司的审计活动具有正外部性特征。

这种"搭便车"行为会阻碍审计信息的数量及质量达到最优水平，即使这种基于审计服务公共物品属性的外部性可以增进社会福利。造成这一现象的原因在于披露审计信息后，公司的成本效益不同于社会的成本效益（Scott，2006）。因此，在企业看来，正外部性的存在并不一定是有利的。过多的信息会吸引潜在进入者进入市场而加剧行业竞争，削弱企业现有的竞争优势，或者带来被并购的风险，或者直接暴露对企业不利的信息等。在这种情况下，为了使公众利益最大化，促进企业与审计师提供适当数量与质量的审计信息，就需要通过引入管制来解决外部性问题（Ledyard，1991）。

2.1.2 审计的信息不对称

古典经济学提出，交易人拥有完全的信息，资源的优化配置仅需通过市场化机制就可以实现，无须进行额外的管制（Dupuit，1952）。然而在现实中，由于人的有限理性以及信息搜寻成本的存在，信息在契约双方之间存在不完全性和不对称性（Kenneth，1963）。在审计服务过程中，审计师更了解自身的能力范围以及在审计活动中采取的程序完善程度，而审计客户则更了解其公司内部控制、公司治理和审计风险点等，因此审计师和被审计公司客户之间存在信息不对称。如果不存在任何外部监管，那么审计师就有可能因此进行自利行为，例如消极怠工。在审计市场中，事前的信息不对称会导致信息强势方利用信息优势获得收益的机会主义行为，进而导致审计市场"劣币驱逐良币"；而事后的信息不对称又会导致该承担责任的经济主体逃避责任，自私自利。

在签约阶段，审计师与公司管理层之间的信息不对称可能会使审计师谎报专业胜任能力，以获取与自身能力不匹配的审计业务。在审计师与客户签订审计合约形成代理关系之后，审计师可能基于自身的实力，减少审计程序，不履行必要的关注义务，以节约成本。由于审计的职业性、技术性，企业管理当局或信息使用者很难察觉此类行为。此外，由于企业管理当局与审计师拥有比财务报告使用者更多的信息，如果他们选择合谋，那么公众也很难察觉。因此，信息不对称会给管理者和公众造成损失，解决信息不对称的途径主要有两个，即信誉及管制（张维迎，2002）。由于信誉机制发挥作用需要多次博弈，因此在一次博弈中，信誉机制难以促进信息的均衡，此时就需要对审计行业进行必要的管制。

2.1.3 审计行业发展的需求

乔治·阿克尔洛夫（George Akerlof）在其经济学理论中提到，信息不对称会导致"柠檬困境"。按照该理论，如果信息不对称比较严重，那么市场就会出现"劣币驱逐良币"的现象，使提供较高质量审计报告的会计师事务所在与提供低质量审计报告的会计师事务所的竞争中丧失优势，此时行业就会自发地要求政府管制来驱逐欺诈以及能力较低的从业者，从而保护行业利益以及投资者利益。当然，审计行

业的许可制度很早就已经出现了，这一管制措施避免了审计市场的
"柠檬困境"。在分析审计行业自发要求管制的研究中，几乎所有的结
论都倾向于审计师游说政府进行管制以获得垄断利益。

管制经济学认为，私人利益团体会为了租金的产生而主动要求监
管介入（Olson，1965）。私人代理方可以从这种增加管制的寻租活动
中获得额外的收益机会，因此管制法规的实施是行业组织的经济利益
所推动的（Stigler，1971）。在审计行业中，这一现象主要体现在现
有审计师积极推行更加严格的执行许可的管制上。例如 Zhang
（2010）发现，在20世纪90年代的"诉讼爆炸"中，审计师曾游说审
计准则制定机构制定了"Expectation Gap"准则，要求审计师的工作
只能对查出财务报表的重大错误和舞弊提供合理的保证，以降低市场
对审计师的法律责任预期。但这些准则并没有达到降低审计师法律风
险的目的，审计师又游说国会于1995年制定了《私人证券责任改革
法案》，这一法案减少了审计师在多数情况下的连带责任风险。通过
提高职业许可要求，可以提高行业壁垒（Laffont 和 Tirole，1991），抬
高其他对手的竞争成本，从而削弱竞争并保护现有服务者的垄断利益
（Murray，1978；Watts 和 Zimmerman，1986）。

2.2　审计监管处罚的影响因素现状

2.2.1　上市公司特征与处罚

投资者的收益与上市公司表现息息相关，当投资者因上市公司非
正常活动出现亏损时，往往会对上市公司提起诉讼，请求其赔偿。在
保险假说中，审计师由于有"深口袋"，除了具有鉴证价值还有风险
转移价值。投资者在对上市公司提起诉讼的同时，往往也会把审计师

作为诉讼请求对象。对于审计师来说，上市公司特征直接关系到审计师的审计策略，被处罚的概率也会因上市公司自身风险的高低而有所差异。

公司规模、行业性质和所有权结构与客户的诉讼风险有关。Pierre 和 Anderson（1984）的研究表明，客户规模可能增加对公共会计师提起法律诉讼的风险，和解金额可能随着被告的规模而增加（被告和客户经常被联合起诉），此外，客户规模越大，所需的正式控制系统数量就越多，因此会计师在开展业务时的难度也就越大；客户行业的复杂性也可能增加审计师的诉讼风险，因为 GAAP（Generally Accepted Accounting Principles）可能较为模糊，难以在特定行业应用；客户的所有权结构也会影响审计师的法律诉讼风险，SEC 和其他机构会加大对上市公司财务报表的审查力度。Pratt 和 Stice（1994）发现，审计师评估客户法律风险和制订审计计划及提出费用时，主要考虑因素是客户的整体财务状况，较差的财务状况与较高的诉讼风险、更多的审计证据及较高的审计费用相关；资产结构（应收账款和存货占总资产的百分比）的结果与财务状况的结果一致，但要弱得多。Casterella 等（2010）则发现，规模较大的公司、经历快速增长的公司、起诉客户的公司以及出过问题的公司都面临着更高的诉讼风险。

审计师诉讼风险还与公司治理结构有关系。公司股东持股、董事会、监事会、经理层、信息披露和利益相关者的特征都与公司治理密切相关，公司治理水平的提高能够降低公司发生风险的概率（李维安等，2012）。陈晓等（2011）通过研究中国证监会的审计监管行为，发现客户质量和会计师事务所的专业性会影响会计师事务所受到中国证监会处罚的概率。审计客户的平均盈利水平越高，应收账款的水平越低，会计师事务所被中国证监会处罚的概率就越小。此外，公司上市时间、经营风险、经营业绩也是影响审计师风险的重要内容（Heninger，2001）。

2.2.2 会计师事务所特征与处罚

2002年"安然事件"以后，创立近百年的安达信会计师事务所因被处罚而倒闭。尽管审计师有"深口袋"，但在出现重大审计失败时，依然可能导致会计师事务所破产倒闭。例如，瑞华所曾经是我国排名前三的大所，因其审计的康得新财务造假，遭到中国证监会立案调查，最终导致客户骤减，合伙人大规模流失，从2018年审计311家上市公司到2019年审计客户仅有27家。审计师执业过程的第一步就是对客户风险进行评估，而不同会计师事务所的风险管控、制度框架有一定差异，对于如何进行风险评估以及控制风险的能力也存在区别，这些使最终执业行为和执业结果也存在差别。

Francis等（2014）认为，每个"四大"所都有自己独特的审计测试方法来实施公认会计准则，以及解释和应用公认会计准则的内部工作规则，同一家会计师事务所的风格具有一致性。Jiambalvo和Pratt（1982）调查了审计师和他们的助理之间的领导/下属关系，发现会计主管的领导行为会影响助理的满意度和积极性，这种影响取决于助理接受任务的复杂性水平。Casterella等（2010）发现，会计师事务所大小、审计人员组成结构、收费来源、政府审计、保险协议等与会计师事务所诉讼风险显著相关。Palmrose（1988）发现，"八大"所提供审计的诉讼风险明显较低。审计师行业专长也有助于提高审计效率，能有效地揭示舞弊（Lys和Watts，1994），降低执业失败风险（余玉苗，2004）和被处罚风险（陈晓等，2011）。此外，单一收费占会计师事务所总额比例越高的客户，审计师对其经济依赖性越强，因此客户重要性也是影响会计师事务所决策的重要因素（曹强等，

2012）。会计师事务所任期过短，会导致审计师因缺乏特定知识，从而影响审计质量，但审计任期过长，则可能导致审计师和公司建立关系，影响审计师判断，同样会影响审计质量（Johnson等，2002）。

总之，审计师会理性地结合面临的外部监管和会计师事务所内部控制进行判断。若处罚力度较大，审计师会拒绝与管理层"合谋"，有效规避审计风险；反之，如果审计师、会计师事务所和客户进行财务"合谋"，其面临监管处罚的概率也会随之提高。

2.2.3　审计师特征与处罚

审计师的风险偏好也存在差异，如果审计师无视审计风险，其执业行为可能更加激进，对于风险的管控也会更加宽松，发生审计失败的概率也会更高，最终将面临更加严厉的处罚。而审计师的教育背景、家庭背景、性别、是否担任管理职务、加入党政团体经历、生理年龄、执业年限等都会直接影响审计师的风险偏好。个体背景是影响其执业判断最为直接的因素，因为个体的能力（ability）、知识（knowledge）、环境（environment）、动机（motivation）会影响会计人员的执业行为（Libby和Luft，1993）。与此同时，性别、年龄、家庭背景、工作经历、是否具有跨国背景、个人文化、收入水平等都会影响个体的风险偏好（Post等，2008；Dohmen等，2011；Booth等，2014）。在控制个人特征、教育程度、收入和信用约束的情况下，拥有更高认知能力的个人更喜欢接受风险（Dohmen等，2010）。2010年之后，我国会计师事务所由有限责任制转为特殊普通合伙制，显著增加了审计师的法律责任（王菲菲等，2019）。

研究发现，相对于男性，女性更加厌恶风险，行为更加谨慎（Byrnes等，1999）。女性审计师会要求更多的审计时间和使用更多的审计人员，虽然审计质量没有提高，但增加了审计收费（施丹、程坚，2011）。但这类差异不能完全由性别所决定，还有其他因素也会产生影响，例如 Lichtenstein 和 Fischhoff（1980）利用实验研究发现，教育水平会影响人的决策，教育水平越高，决策越稳健。审计师的教育背景会从风险意识和判断能力两个角度影响人的决策（吕敏康、冯丽丽，2017）。此外，经验丰富的审计师在执业过程中也更容易处理其遇到的各类突发、复杂的问题。虽然经验的影响是复杂的，但专业知识能够帮助审计师更好地评估风险，特定任务的知识可能有助于有经验的审计人员在判断某些方面的表现（Bonner，1990）。Gul 等（2013）发现，在我国，个体审计师对审计质量的影响在经济上和统计上都是显著的，包括教育背景、N 大审计事务所经验、在审计事务所中的级别和政治派别等。有党员身份的审计师，其审计报告更加激进（Gul 等，2013）。

2.2.4　外部环境与处罚

Figner 和 Weber（2011）认为，不仅审计师的个人特征会影响风险偏好，外部环境也会影响风险偏好，甚至二者还会同时影响审计师的风险偏好。尹海员、李忠民（2011）发现，投资者获取信息的渠道和对媒体的信任程度对投资者的风险态度有显著影响。具体来说，信息来源更为丰富的渠道会提高投资者的风险偏好程度；而对新闻媒体的信任程度越低，风险偏好程度越高。此外，李剑锋、徐联仓（1996）认为，决策环境特征（如企业文化、企业经营状况和上司的风险态度等）也是影响企业经理风险决策行为的关键变量。如果外部环境，如货币政策、财政政策、经济增长和法律制度等发生变化，就可能对审计师的行为产生影响，最终使审计师面临不同程度的监管判断与处罚。

2.3 审计监管处罚与审计行为的研究现状

2.3.1 审计监管处罚与客户组合的相关文献综述

审计师在决策时，会将个人面对的监管风险和客户的信息风险进行匹配，以便做出不同的决策。例如，自身监管风险较高的审计师为了避免进一步受到处罚，会拒绝高风险客户，选择低风险客户；而自身监管风险较低的审计师为了获取更多收益，可能接受风险较高的客户。诉讼风险的提高会促进审计师辞职，因为会计师事务所会为了降低会计师事务所的整体风险而放弃高风险客户（Krishnan 和 Krishnan，1997；Shu，2000）。在选择客户的过程中，如果客户有高风险，审计师会选择规避风险而不是适应风险（Johnstone，2000）。客户的财务困境会增加审计师被处罚的概率，所以审计师更可能选择离开出现财务危机的客户（Schwartz 和 Menon，1985）。从客户角度来看，如果会计师事务所或者审计师受到了处罚，其客户解聘审计师的可能性也更大（Barton，2005；Abbott，Gunny 和 Zhang，2012；刘笑霞、李明辉，2013）。

近年来，上市公司财务造假事件频发，审计师对于风险客户的选择也变得更加谨慎。规模较大的会计师事务所会拒绝安达信的前任客户，更重视对客户的选择（Landsman 等，2009）。深口袋理论提到，审计师有较高的收入，这使投资者在面临损失时会认为审计师具有赔偿能力而将其列为诉讼对象。因此，大会计师事务所会谨慎选择高风险客户，以避免由于审计失败或诉讼风险导致的损失（Jones 和 Raghunandan，1998）。但 Francis 和 Krishnan（2002）则认为，规模较大的会计师事务所也会接受高风险客户，因为其整体专业水平相对较高，能够通过客户风险组合降低风险。Amir等（2014）发现，有过被处罚先例的审计师，其客户财务风险更高，公司治理更弱，财务报告更激进，收取的审计费用也更低。也有研究表明，法律责任制度较完善时，规模较大的会计师事务所选择低风险审计客户的概率更大，从而规避审计风险，维护声誉（廖义刚等，2009）。

2.3.2 审计监管处罚与审计费用的相关文献综述

上市公司审计业务如同其他产品一般，依赖高质量和完善的配套服务来建立其良好的声誉。如国际"四大"所一直以来在发达资本市场享有盛誉，是高质量审计的代名词。作为产品或服务，声誉好坏能够决定其价格高低，对产品或服务有高质量需求的消费者往往愿意付出更高的价格来获取高质量。在中国上市公司审计市场中，"四大"所凭借其品牌，比本土会计师事务所收取更高的审计费用（漆江娜等，2004）。

审计费用是审计师与客户双方博弈的结果。一方面，客户根据自身的审计需求选择不同的审计师进行审计；另一方面，审计师也根据客户资质进行风险评估和工作量判断，以确定最终收费。Simunic（1980）发现，客户风险与审计收费呈正相关关系。Lys和Watts（1994）则发现，法律风险意识高的审计师会收取较高的费用以补偿可能增加的风险和工作量，而法律风险意识低的审计师则会要求较低的审计费用以获得客户。当会计师事务所从有限责任制转变为特殊合伙制后，组织形式的转变也使会计师事务所承担的法律责任更大了，会计师事务所的收费行为也发生了相应变化，大会计师事务所比小会计师事务所收取更高的审计费用（沈辉、肖小凤，2013）。此外，被审计单位的诉讼仲裁、违规处分、未决诉讼都会提高被审计单位的法律风险，审计师出具非标准审计意见的概率也会提高，审计收费会增加（冯延超、梁莱歆，2010）。

外部监管是一种潜在风险，当会计师事务所或者审计师面临监管部门的处罚时，其审计收费又会做出何种反应呢？Davis 和 Simon（1992）发现，被制裁审计师的新客户获得的审计费用折扣会高于客户更换审计师通常所获得的折扣，这意味着监管部门处罚导致的声誉损害会使审计费用降低。但就针对中国资本市场进行的检验而言，目前有不一致的结论。例如，Firth 等（2005）发现，从总体来看，监管处罚后，审计费用并无显著变化。刘笑霞（2013）发现，会计师事务所受到处罚后，其审计收费显著高于受到处罚前；与未受处罚的会计师事务所相比，受处罚的会计师事务所在受罚前后审计费用的提高幅度显著更大。

2.3.3 审计监管处罚与审计质量的相关文献综述

为会计信息的可信度提供有效保证，从而提高资源配置和合同效率是审计的价值所在。保证高质量的审计供给是审计监管处罚的重要目标之一。审计质量是审计师发现被审计公司的财务违规行为并公开报告企业这种违规行为的联合概率（DeAngelo，1981）。审计质量较高，说明审计师能够很好地发现并揭示上市公司财务报告中的舞弊行为，而审计监管处罚会直接影响审计师对舞弊行为的容忍度。当审计监管处罚存在差异性时，审计质量可能也存在一定的差异。

21世纪初，美国安然公司破产，为其提供服务的安达信会计师事务所审计失败，让美国投资者对美国资本市场的财报可信度充满了怀疑。为了扭转民众的这一看法，美国国会和政府加班加点起草并发布了《萨班斯-奥克斯利法案》（简称《SOX 法案》），该法案的正式名称是《上市公司会计改革与投资者保护法案》。《萨班斯-奥克斯利法案》是美国会计研究中一个重要的研究案件，主要规定包括要求审计委员会具备财务专业知识、第404节审计、限制前审计员的雇佣、授权美国"公众公司会计监督委员会（PCAOB）"检查、将审计标准设置转移到PCAOB等。在《萨班斯-奥克斯利法案》之前，美国审计市场是自我监管的，美国证券交易委员会只是"通过鼓励，有时是谴责该行业来间接干预"。尽管有部分研究发现了监管处罚的好处，但监管有时候也是一把"双刃剑"，可能损害审计质量或审计效率。例如，虽然禁止审计市场的价格竞争吸引了水平更高的审计员，但也降低了审计效率（Hackenbrack等，2000）。

对《萨班斯-奥克斯利法案》的研究隐含审计研究。《萨班斯-奥克斯利法案》标志着美国审计市场从自我监管转变为政府监管，《萨班斯-奥克斯利法案》中绝大多数改革都是为了提高审计质量。实证研究从股票价格的反应推断其有效性，并通过比较《萨班斯-奥克斯利法案》前后的审计质量指标来考察该法案的整体效应。在《萨班斯-奥克斯利法案》颁布后，审计师更有可能在企业破产前发表审计意见，这与审计师独立性的提高是一致的（Geiger和Rama，2003）。然而，这可能是由于过度的审计师保守主义，这种增长似乎是短暂的，在2003年以后恢复到SOX法案之前的水平。也有证据表明，《萨班斯-奥克斯利法案》降低了盈余管理，与《萨班斯-奥克斯利法案》改善了内部控制的理论相一致（Patterson和Smith，2007）。《萨班斯-奥克斯利法案》还能提高市场效率，例如Burks（2011）测试了《萨班斯-奥克斯利法案》发布之后重述公告日股票价格随后的负漂移，发现《萨班斯-奥克斯利法案》发布之后重述的定价更有效。此外，各种各样的研究确定了与《萨班斯-奥克斯利法案》相关的变化对审计质量的模糊影响。Defond和Lennox（2011）发现，《萨班斯-奥克斯利法案》发布之后，客户市场份额从"四大"所向非"四大"所转移，但此类客户份额转移可能不会降低审计质量，因为非"四大"所的质量在《萨班斯-奥克斯利法案》发布之后会有所提高。

审计处罚力度的变化也会影响审计质量。从审计意见的类型来看，审计监管处罚会影响审计意见类型的发表。例如，冯延超和梁莱歆（2010）研究了公司法律风险和审计意见之间的关系，发现上市公司的法律风险与审计收费存在显著正相关关系，企业法律风险越高，其被发表非标准审计意见的可能性越大。尚兆燕（2009）发现，法律惩戒对审计意见类型具有重要影响，随着法律惩戒力度增强，审计师出具的MAOs（Modified Audit Opinions）增加，改变审计意见的可能性也增加。刘启亮等（2015）则发现，会计师事务所从有限责任制转变为特殊普通合伙制以后，相同签字审计师转制后出具非标审计意见的可能性更高。

审计监管处罚也会影响公司盈余管理程度。从盈余管理角度看，审计师特别关注管理层高估盈余的动机，对盈余管理非常敏感，而高质量审计可以有效抑制盈余管理（Watts和Zimmerman，1983）。例如，刘笑霞和李明辉（2013）发现，行政处罚能够提高会计师事务所的审计质量，主要表现为受罚会计师事务所客户的会计信息质量提高了，且显著高于未受罚会计师事务所的客户。与之相反的是，吴昊旻等（2015）发现，政府管制具有双向影响，政府的干预并未有效发挥作用，未产生积极效果。基于会计师事务所和审计师两个层面，在被中国证监会处罚后，受罚会计师事务所或审计师所审计的上市公司的会计信息质量（操纵性应计）没有显著提升，会计盈余稳健性也没有显著提高，并且行政处罚力度的差异对上市公司的操控性应计利润和会计盈余稳健性也无显著影响（王兵等，2011）。但在审计师层面，其承担的风险越大，被审计公司的会计信息质量越好（刘启亮等，2015）。

　　从会计稳健性角度看，审计师面临的监管也是影响会计稳健性的重要因素，对于不同类型的会计师事务所来说，其审计的客户的会计稳健性不同。对审计师的监管力度越大，审计师对客户的会计稳健性要求也越高。当个别审计师受到处罚时，个别审计师更有可能抵制客户增加收入的会计操纵行为，因此客户的稳健性也会有所提高（Sun等，2016）。

3

研究背景及理论分析

1980 年，上市公司审计师（注册会计师）职业开始复苏。伴随着经济的发展，注册会计师行业迎来蓬勃发展，其发挥的财务报告鉴证作用也越来越大。与此同时，随着中国经济的快速增长，上市公司数量的迅速增加也从需求方激发了对审计师的需求，促进了注册会计师行业的进一步发展。在以高质量发展为目标的 A 股市场，外界对审计质量抱有越来越高的期望，加之《中华人民共和国证券法》（2020）的实施，对审计师责任有了进一步的明确，对审计师和事务所提出了新的要求。因此在新经济、新制度的背景下，本章结合中国证监会、审计师服务市场化、审计师法律责任、会计师事务所内部治理和上市公司审计委员会，进行了制度分析和理论归纳。

3.1　背景分析

3.1.1　中国证监会

中国证监会于 1992 年成立，目前形成了以辖区监管责任制为基础，"证监会–派出机构–交易所"三点一线协同配合的监管体制。中国证监会的职责是对全国资本市场进行统一的管理和监督，保证和维护我国资本市场合理合法的平稳运行。中国证监会总部位于北京，在各省、自治区、直辖市和计划单列市设立了 36 个证券监管局，以及上海、深圳办事处。中国证监会主要对上市公司和市场中介机构进行监管，包括审计师、证券经纪人、注册资产评估师和律师等。1993年 4 月国务院发布的《股票发行与交易管理暂行条例》对上市公司的财务报告和股票交易进行了规范。该条例对审计师或其他中介机构的处罚包括警告、罚款、暂停或终止执业。证监会原副主席高西庆曾指出："证监会的职能就是保护投资者，中小投资者保护不了自己，没有足够的信息渠道和没有足够的力量，证监会要调整好机制，理顺、做好投资者保护。"

在监管制度方面，2020年3月1日起正式实施的《中华人民共和国证券法》，完善了相关责任与诉讼制度，违法者将承担民事责任，使得违法成本有了明显的提高，对投资者的保护力度进一步增强。行政处罚中的罚款额度提升至最高2 000万元人民币（原为60万元人民币）。

在监管执行方面，执法环境的完善进一步强化了审计监管。例如，中国证监会责令众华会计师事务所（特殊普通合伙）暂停承接新的证券业务并限期整改、对瑞华会计师事务所进行立案调查等。

3.1.2　审计服务市场化

审计的实质也是为客户提供"产品"，其产品就是其为上市公司提供的年报审计活动，审计收费反映了其提供服务的实际价值。在市场化机制下其收费反映了不同审计服务的价值，审计收费越高，代表其审计质量越高。也就是说在成熟的审计市场中审计收费代表了其审计质量，但是在市场发展的过程中，"低价揽客"或是"价格垄断"都会阻碍审计行业的充分正当竞争，因此监管机构需要对审计行业的收费进行合理监管。

目前我国尚处于政府指导下的审计收费制度。20世纪80年代末各省的审计收费制度由本省的财政厅决定，事务所也基本挂靠在政府部门。之后为了适应快速发展的市场，政府再次发布新规要求收费价格需要在主管部门指导下通过市场调节来制定。2010年再次发布新规，允许通过市场化机制制定收费价格，但并未起到预期的效果，目前仍然是以政府指导和市场调节相结合。

2011年财政部再次发布规定，要求各地的具体审计费用标准应当公开发布，事务所投标报价应当高于投标所属地区价格主管部门制定的收费标准下限的75%，低于下限报价的会被直接认定为废标。不同省市需要依据国家发改委的文件，因地制宜地确定当地的收费标准。以《湖北省会计师事务所服务收费管理实施办法》为例，年报审计收费标准按照企业资产总额采用差额定率累进计算，可上下浮动30%。其中，资产总额100万以下的收费3‰，最低收费3 000元；100万至500万元的，收费0.75‰；500万至1 000万元的，收费0.4‰；1 000万至5 000万元的，收费0.15‰；5 000万至1亿元的，收费0.12‰；1亿至10亿元的，收费0.1‰；10亿至50亿元的，收费0.09‰；50亿到100亿元的，收费0.05‰；100亿元以上的，收费0.04‰。此外不同省份发布的收费标准管理差异比较大，地区间收费标准浮动比率有差异，如江西省的浮动幅度在30%的基础上下降了10%。

即使是政府主导的审计收费市场，目前仍然存在"低价进入式审计定价策略"（low balling）的情况，即通过前几年相对较低的审计收费以争取客户，期望通过后续的长期审计业务来弥补初期定价偏低的损失。但"低价揽客"现象可能会带来事务所间的价格无秩序竞争，导致市场不实报告的频繁出现，降低整体市场的审计质量。2008年，辽宁省对事务所审计收费开启了全面调查，调查结果显示70%的事务所认为现行收费标准低于执业成本，58%的事务所认为收费项目划分基本合理，74%的事务所赞同采用政府指导价与市场调节价相结合的收费方式。为了防止审计市场中的恶意竞争，监管机构对此进行了多次提示，要求事务所遵守相关规定。如2012年7月，安徽省注协查处了安徽普诚、安和、恒谊三家低价承揽业务的事务所，做出惩戒决定：公开谴责普诚所及安和所，要求限期整改其存在的问题，并将检查结果移交上级监管部门作进一步核查处理；训诫恒谊所，要求其必须限期整改存在的问题，并通报批评、训诫相关签字注册会计师。
2020年2月28日，中注协发布《关于统筹推进新冠肺炎疫情防控和
注册会计师行业工作的通知》要求，各省、自治区、直辖市注册会计
师协会要加大对会计师事务所低价竞争、争抢业务和员工等不正当行
为的监管力度。

　　理论上，低价揽客出现的原因是审计师变更成本促使审计师获取
了"准租金"（quasi-rents）（DeAngelo，1981），而这种准租金又无法
完全披露（Dye，1991）。在美国，审计师发生变更成本的当年的审
计费用水平仅为平均水平的76%，随后的两年平均每年降低15%，但
在第4年审计费用回归正常水平（Simon and Francis，1988）。2000
年，《萨班斯－奥克斯利法案》颁布后，美国大所的"低价揽客"行为
已然停止，仅在非审计服务领域依然存在"低价揽客"现象
（Ghosh and Lustgarten，2006）。在竞争不充分的情况下，为了规范市
场的不正当竞争行为，需要政府提供指导。而在满足充分竞争的条件
下，为了经济发展的需要，市场化机制可能会更加合适。在缺乏外部
监管的条件下，市场的过度竞争可能会导致大会计师事务所形成垄断
地位，利用价格排他性驱逐小会计师事务所。小会计师事务所为了取
得市场份额可能会以牺牲事务所利益的方式获取客户，导致审计质量
过低。

3.1.3　审计师法律责任制度

　　1981年上海会计师事务所的成立，意味着审计行业的复苏。
1993年通过的《中华人民共和国注册会计师法》加强了对审计师的
管理，有效促进了审计行业的发展。早期的会计师事务所一般挂靠在
政府相关单位，随着市场经济的发展，行业中出现了审计质量低的问
题。王跃堂和陈世敏（2001）指出原因有三点：首先，政企不分使会

计师事务所在开展业务时不具有独立性，执业过程难免受到主管部门的行政干预；其次，与主管部门的挂靠关系，致使依靠行政权力垄断市场的现象普遍，审计市场缺乏公平竞争的环境；最后，会计师事务所的依附属性，使其不必也不可能真正承担法律责任，由此造成了事务所和注册会计师的审计风险意识淡薄。为了帮助审计师形成独立承担法律责任的机制和意识，财政部开始筹划让会计师事务所独立运行，不再挂靠在政府相关部门，以保证审计质量。审计师的独立性在"脱钩改制"之后有了显著提高，但迫于市场竞争，审计师也有可能与被审计师单位"合谋"（王跃堂、陈世敏，2001）。

《中华人民共和国注册会计师法》规定，会计师事务所的法定组织形式为合伙制和有限责任制。其中，合伙制按照出资比例或协议约定，以各自的财产承担法律责任，并对事务所的债务承担连带责任。有限责任制则以认缴的出资额为上限承担事务所的各项责任事务，事务所以其全部资产对其债务承担责任。有学者认为，有限责任制的会计师事务所所有制，会损害审计质量（Dye，1993）。随着社会对审计师的关注，审计师法律责任也在逐渐增大，注册会计师在审计时应保持审慎，尽可能地降低审计过程中的风险，一旦在执业过程中出现失误导致审计结果不合格，都有可能导致受到中国证监会或其他监管机构的处罚。有研究表明，不同的法律诉讼环境会影响审计行为（Francis and Wang，2008）。目前，我国有关注册会计师的法律诉讼风险较低，原因在于：司法管辖权存在交叉，可能存在地方保护主义；相关法官的专业历练、培训时间较短，有关专业知识还较为欠缺；法律法规难以落到实处，各种执行中的难题增加了法院判案本身的难度（刘启亮等，2013）。目前对于注册会计师执业行为的监管，主要来自中国证监会、财政部和中注协。在处罚对象上，监管者对审计实施的行政处罚一般是"师所并罚"，但也存在"重师轻所"的现象（吴溪，2008）。中国证监会和财政部的处罚多涉及撤销机构吊销营业执照等，威慑力较强，而中注协的监管以谴责为主，属于行业自律行为，威慑力度较小。

法律制度的健全与否会影响审计师执业行为。法律越完善，审计师在执业中就会越谨慎以避免受到法律的制裁；相反，法律越薄弱，审计师就越可能钻法律的漏洞以获取个人利益。除了法律的管控，外部监管也会对审计师的执业行为产生影响。监管处罚的力度越大，审计师越会害怕受到处罚，在审计过程中就会更加负责以避免受到处罚；反之，若监管处罚相对于获取的利益而言微不足道，审计师就有可能会铤而走险，被利益所驱使。总之，法律的健全与监管处罚之间呈相辅相成的关系，能够共同促进市场的健康发展。目前，虽然中国的市场机制还有待完善，法律与诉讼环境仍然较弱，但在政府的指导下监管效应仍得以发挥（Hung and Wu，2011），强势的政府监管已成为中国市场提高审计质量的主要驱动力（Chen，Su，and Wang，2005）。

按照业务资质会计师事务所可分为如下两类：一类是能够为资本市场提供服务的事务所，截至2019年，有46家会计师事务所具备从事证券期货业务资格，这类事务所由于具有证券期货业务，受到的监管更加严格；另一类事务所不具备证券期货业务资格，该类事务所及其审计师因为不接受上市公司业务，不接受中国证监会监管，而仅受到其余两家监管者的监督和管理。从经济学的角度来分析，多重监管的职能交叉会提高监管成本，导致责任难以辨明，最终可能会导致无法实现目标。为此，有必要理清政府监管和审计师自我约束相结合的发展之路，应以前者为主，后者为辅，共同促进审计行业的健康发展。

3.1.4 会计师事务所内部治理

中注协曾发布《会计师事务所内部治理指南》，以促进会计师事务所的内部治理。会计师事务所的内部治理同样要以人为本，人才是会计师事务所的核心资产，审计师的专业能力和执业经验是事务所的核心竞争力。事务所的内部治理与公司内部治理相仿，除了投资和培养事务所审计师，还需要配合其他利益相关者对事务所内部管控、质量监督、公司文化建设、事务所信息公开等进行治理。事务所以质量为生命，为了保证事务所整体的审计质量，要建立健全内部控制体系，以保证事务所的高质量审计。事务所内部控制系统及其他各项控制措施需要进行有机的结合，以保证事务所内部治理的有效实施。事务所的内部治理效果还会受到审计师个人执业偏好的影响，因此还需要对审计师个体行为进行约束，以保证审计师行为与事务所目标相一致。激进型的审计师可能会在执业过程中更加冒进，审计失败的风险也更大，导致审计师和事务所需要共同承担法律责任。为了提高会计师事务所责任赔偿能力，财政部发布了有关建立责任保险的方法，建立审计职业责任保险能够有效地防止因审计失败而承担巨额赔偿导致破产。与此同时，审计师投保额也直接关系到审计师对待审计工作的态度，影响事务所整体工作倾向，最终改变审计师的执业行为。

事务所规模的扩大也是事务所治理的内容之一，目的是提高竞争力。事务所规模增大将为事务所带来经济效益的提升。事务所规模的增大将使事务所内部能够建立起切实有效的培训体系以保证执业行为的统一和执业结果的稳定，比如国际四大会计师事务所拥有会计或审计准则的内部指引，以提高内部注册会计师的执业质量（Francis，Pinnuck，and Watanabe，2014）。对于大会计师事务所，其投入的资源较多，培训的人员也较多，但由于固定成本和学习效应，人均培训成本反而会下降，最终实现规模化。小会计师事务所由于缺乏资金，无法投入较大的培训成本，不能很好地实现所内审计师的统一培训和管理。当事务所内部资源实现规模效应后，其服务效率和服务能力都会出现显著提升，同时人才的多元化发展也使得事务所对各类业务有了更多的选择，还能够降低执业风险。此外，当事务所规模较大时，社会知名度也较高，拥有较高的声誉，相对于声誉较差的会计师事务所还能享有审计收费溢价。同时，事务所规模越大，外界给予的关注和评论也会越多，事务所也会愈发谨慎。良好的事务所内部文化和较高的薪酬也会引发审计师自发的约束和互相监督，审计师实现个人利益的机会也会越小，因而大规模会计师事务所审计质量相对较高（DeAngelo，1981）。从客户的角度来说，为了降低代理成本，向投资者、债权人和监管者传递高质量会计信息的信号，满足各利益相关者的需求，客户也会选择规模较大的会计师事务所（Cassell et al.，2012）。但相对于小所，大会计师事务所一旦发生审计失败，也将会面临更大的声誉崩塌导致的损失。如中国瑞华会计师事务所，因"康得新财务造假事件"被中国证监会处罚后，客户流失94%，审计业务总收入由全国第6名跌出全国前100名。总而言之，会计师事务所的内部治理同样重要，为了事务所的健康发展，降低审计风险，减少审计失败的可能性，必须优化事务所的内部治理，提高审计质量。

3.1.5 审计委员会

自《萨班斯-奥克斯利法案》（简称《SOX法案》）颁布实施以来，世界范围内掀起了公司治理改革，其中关于审计委员会的地位与作用受到进一步的重视与强调，一个有效的审计委员会能够有助于确保审计独立性与财务报告质量。美国证券交易委员会在《SOX法案》的基础上又颁布了《与上市公司审计委员会相关的准则》，对审计委员会的各项职能提出了进一步的规定。英国财务报告协会则于2003年1月2日，发布了《审计委员会——联合法案指南》（简称"斯密斯报告"），进一步强调了审计委员会在董事会中的地位与职权。在2018年之前，依据2002年的治理准则，审计委员会只是可以设立，但并非必须设立。而2018年4月20日之后，上交所、深交所发布了新的上市规则，明确规定上市公司必须在董事会下设立审计委员会，同时独立董事需占半数以上。

设立审计委员会能够提高审计师的独立性，保证审计师的审计执业活动正常开展，提高财务报告的审计质量，降低公司与外界投资者、债权人的信息不对称程度，降低代理成本。由于不同类型公司的审计需求存在差异，公司聘请的外部注册会计师的规模与质量也存在差别，公司与股东对审计委员会的期望也有所不同。在2018年以前，我国并没有对审计委员会的设立与否进行强制规定，审计委员会的设立属于公司个体决策，因此不同公司设立审计委员会的动机存在差异。Eichenseher和Shields（1985）研究发现，非"八大"会计师事务所不会鼓励公司设立审计委员会，因为他们认为审计委员会更加愿意聘请"八大"会计师事务所作为审计师。Collier和Gregory（1999）以英国公司为样本进行研究，发现公司是否设立审计委员会，主要受股权代理成本、债权代理成本和信息不对称的压力等因素的影响。其中，股权代理成本与债权代理成本的增加会提高公司设立审计委员会的概率；领导人的性格也会影响审计委员会的设立；此外，设立审计委员会的公司还存在管理层持股比例低、高负债、公司规模较大等特征。随着《萨班斯-奥克斯利法案》以及《中华人民共和国证券法》（2020）以立法的形式明确规定，上市公司必须设立审计委员会制度后，现阶段学术界已经从设立审计委员会的影响因素研究转向影响审计委员会治理效率发挥的因素研究。

《萨班斯-奥克斯利法案》要求审计委员会对审计师提供的各类非审计服务进行审查。具体内容如下：①审计委员会要对年报审计师进行选择和管理，协调公司管理层与审计师对于财务报告的意见，以达成统一。②审计委员会必须对审计师的执业过程给予必要的监督，保证审计质量，确保财务报告公允表达。③如非审计服务费用占总费用的比例低于5%，则无须额外审批，如超过总费用比例的5%，则所有相关服务都需要经过审计委员会的审查通过。围绕着审计委员会职责的发挥，国外众多文献对此进行了分析。Mcmullen（1996）利用1982—1988年的样本研究发现，审计委员会的设立与更少的股东对公司财务报告的舞弊诉讼、更少的季度财务报告舞弊重述、更少的季度报告重述、更少的SEC行动、更少的违法违规行为以及更少的审计师更换（由于审计师与公司的会计处理意见不一致）有关联，这意味着审计委员会的设立可以改进财务报告与披露的质量。

如果审计委员会能够按照其本质发挥有效的作用与效率，则可以降低盈余管理程度、减少财务报告的重述、减少违规信息披露与财务舞弊、增强注册会计师的独立性、促进公司内部控制体制的建立与完善、缓解股东与经理人之间的信息不对称、降低代理成本。然而由于选聘的审计委员会及其成员与股东也存在信息不对称，审计委员会组成成员的选聘前后也存在自利行为，因此其效率的发挥，受到审计委员会的组成、权威、勤勉与激励的影响。而独立性、专业能力、经验、正直和客观性等优良品质都应是审计委员会成员所应该具备的。审计委员会的职责和影响代表了审计委员会的权威，其权利和义务受到法律和董事会的保护。比如，《萨班斯-奥克斯利法案》给予了审计委员会全权负责上市公司外部审计师的选择问题，包括费用支付，并全程负责监督其执业；审计委员会的权利，也来自于公司管理层的信任和授权。AICPA（美国注册会计师协会）要求审计师必须与审计委员会沟通在审计过程中所发现的财务欺诈行为、关联方交易行为、审计中财务指标的计算结果、披露与管理层间的冲突和重要性水平等，保证了审计委员会的权威。

总而言之，审计委员会的设立能够保证审计师的独立性，提高公司财务报告的审计质量，从而降低股东与代理人之间的信息不对称程度。由于选聘的审计委员会成员存在逆向选择与道德风险问题，因此其作用及效率的发挥，受到审计委员会成员的组成、勤勉、权威、激励机制等相关因素的影响，进而影响到财务报告质量，如盈余管理程度、财务报告的重述、财务舞弊、注册会计师的选聘与独立性以及内部控制机制的建立与完善等。

3.2 理论分析

3.2.1 审计的信号传递理论

审计的信号传递理论主要涉及资本市场中上市公司和外部信息使用者间存在的信息不对称问题。审计的信号传递理论指出，审计通过提高上市公司会计信息质量，以公司接受了外部独立审计发出公司财务报表可信的信号，从而改善公司的财务资源配置。外部审计的主要作用是增强被审计财务报表中各类财务信息的可信度，提高被审计财务报表中财务信息的价值。在合同关系中，由于信息的不对称，为了展示自身的各类优势，最终获得此类合同，被雇佣的一方会释放积极的信号传递给另一方以缓解信息不对称问题。信号传递是有成本的，对于低素质的企业，采取高质量审计可能是不理智的，因为成本远远高于收益；而高素质企业则会采取高质量审计，因为审计能够缓解与外部的信息不对称（Jensen and Meckling，1976）。外部独立审计行为能够传递企业高财务质量的信号，保证其可靠性，因此，企业会根据审计质量的高低来选择审计师来释放积极的信息，高质量的审计就被认为是这样的一个信号传递机制（Shockley and Holt，1983；杜兴强、周泽将，2010）。信号传递机制不仅能够向对方传递信号，还能向第三方传递信息，缓解信息不对称问题。因此，审计的信号传递理论认为，信息的披露频率和信息的可信度成反比，上市公司在每个会计年度末发布经审计的财务报表，能向外界投资者有效传递各类相关的信息，从而减少资本市场中上市公司与外部利益相关者间存在的逆向选择问题。

Klersey 和 Roberts（2010）发现审计合伙人的风险偏好会显著影响是否保留风险客户的决定，他们指出：高风险偏好的审计师会更加激进，面临更大的法律责任，可能会给公司带来更大的损失；低风险偏好的审计师会减少收益机会，同时客户风险不能完全评估。审计师的个体决策会受到群体决策的影响，而审计师的个人判断也会影响其执业行为，带来不同的审计结果。

会计师事务所或审计师受到中国证监会处罚后意味着声誉会受到影响，而上市公司也会通过对受罚审计师的解聘以及续聘高质量审计师向利益相关者传递企业经营良好的信号。Barton（2005）发现管理层会变更有过受罚经历的会计师事务所或审计师，以向市场传递可靠性。理论上来说，风险较高的客户一方面为了实现舞弊，可能会选择受过处罚的审计师，甚至与审计师产生合谋（雷光勇，2004），以适应企业的风险水平；但另一方面，也可能会通过选择"干净的"审计师来释放公司会计信息质量较高的信号。事务所在受到中国证监会处罚后，由于接受新客户的能力下降，更可能接受财务报表质量较差的客户（李晓慧等，2016）。因此，上市公司可以依据事务所受罚的历史情况，调整审计合约以及公司盈余管理程度。

　　上市公司通过选择聘请审计师的差异向投资者释放公司审计质量具有差别的信号，因为它表达了客户管理层对未来现金流量的市场预期，从而能够据此在一定程度上将高质量的企业与低质量的企业区分开来。大型的会计师事务所被认为比小型的会计师事务所更能提供高质量的审计服务，因为大会计师事务所有更好的专业胜任能力和保持独立性的经济动机（DeAngelo，1981）。

　　会计师事务所的良好声誉是一种良性资产，投资者可以通过其审计历史给予会计师事务所更多的信任。会计师事务所的良好声誉能够激励审计师，良好的声誉可以给会计师事务所带来更多的客户和更高的审计服务溢价，因此会计师事务所有动机维持较高的声誉。会计师事务所获得了审计服务溢价后，又能弥补其付出的更高的审计成本，从而形成一个正向良性循环。审计声誉也能够约束审计师，如果会计师事务所受到了处罚，因声誉受损会导致其客户流失而丧失审计合同中的议价权，为了获得新客户，审计师可能会给出更多审计折价或是付出更多审计服务来弥补其声誉缺陷。

3.2.2　审计的代理理论

　　Jensen 和 Meckling（1976）以企业所有权和经营权的分离以及由此导致的信息不对称为基础，提出了委托代理理论（principle-agent theory）。审计的代理理论认为，审计的目标是为了降低委托代理关系中的代理成本，审计是公司委托人与代理人的共同需求。

　　当公司所有权人（即委托人）聘用职业经理人（即代理人）来履行管理职责，并将对应的决策权也移交给经理人，他们之间的这种关系被称为委托代理关系。理性经济人假设指出，每个人都立志于实现自身效用的最大化，代理成本则是由于委托人和代理人间不同利益的矛盾所致。Jensen 和 Meckling（1976）归纳了代理成本的组成——委托人的监督成本加上代理人的担保成本以及剩余损失，委托人的监督成本是指委托人为了"监督"代理人的行为所付出的成本；代理人的担保成本是指代理人用以保证不采取损害委托人行为（否则他将给予赔偿）的成本；剩余损失则是指委托人因为委托代理人代为实现决策而产生的一种损失，是一种机会成本。企业委托人付出的监督（激励）成本、剩余损失和公司管理层（代理人）承担的保证成本共同构成了代理成本，且代理成本整体恒定不变，三个部分之间呈互补的关系。例如，监督成本较小、代理人付出的担保成本也较小时，代理人的行为就很可能偏离委托人的预期较多，剩余损失就会很大。

全资控股的公司所有人在自行经营企业时，能够收获企业全部的利润，但也会承受所有可能的损失。随着企业向外部融资，将股权进行转让，这样经营者无须为自己的失败行为承担全部责任，也就是说他的行为具有外部性。因此，他会有一定的动力去惰政，甚至从事有损企业股东价值的行为。对于投资者来说，同样能够预期经理人这一行为对公司价值的影响，因而在企业面向外部融资时，会给出更低的价格以弥补其可能带来的损失。这样，在一个有效市场机制下，公司高管会向投资者做出承诺，保证他们会尽职尽责，不滥用管理权，以避免这部分代理成本所导致的股票价格下跌带来的损失。同时，为了缓解委托人和代理人间的信息不对称所带来的代理问题，必须有一个双方都能接受的规则，而审计就是为了解决这一问题而设计的一个通过缓解委托人和受托人之间的信息不对称而降低代理成本的制度安排。在现代企业中，对经理人员的直接监督是基本不可能的，因此企业更多通过制定合适的补偿计划来实现激励相容，而审计则为受托契约的顺利制定和执行提供了制度保证，也就是审计能够降低代理成本，维护委托代理关系。

代理问题一般可以分为第 I 类代理问题和第 II 类代理问题。企业所有者和经理人之间的代理成本,被称为第 I 类代理问题;债权人与经理人之间的代理成本,被称为第 II 类类代理问题,即当公司有高风险债务未偿还时,股东有动机进行融资、投资、生产活动,以牺牲债权人的利益为代价使自己受益。

对于第 I 类代理问题与审计之间的关系,Chow(1982)认为管理层持股比例越低,股东与管理层之间的冲突程度就会越高,即二者之间的代理成本越大,为了减少此类代理成本,企业自愿接受审计的可能性将增大。但由于数据问题,Chow(1982)没有对二者间的关系做出检验。Tauringana 和 Clarke(2000)则以英国 92 家小企业为样本(小企业可以豁免强制审计),研究了企业自愿接受审计的情况,结果表明,经理人员持股比例越小,则企业越可能自愿接受审计。此外企业规模与经营的复杂性也会影响企业自愿接受审计的可能性。公司规模越大,潜在财富转移的总量越高,意味着代理人获得的好处可能也会越多,而在成本方面,建立监控系统的许多成本是固定的;同样,经营的复杂程度越高,经理人越有空间转移资产,由此审计的需求也会增加。对此,Tauringana 和 Clarke(2000)以数据验证了公司规模与审计需求之间的正相关关系。Kohlbeck(2005)则以非公开上市的没有强制要求的小型商业银行为研究样本,发现银行的经营业务越复杂,其越倾向于自愿接受审计。

对于第 II 类代理问题与审计之间的关系,Chow(1982)认为随着债务在公司资本结构中的比例增加,股东有更大的动力从债权持有人那里转移财富,在有效资本市场中,债权持有人会预见股东这种行为,从而在提供债权时在定价方面考虑这些预期损失,而为了降低债权人的这种风险预期,减少融资成本,公司自愿进行外部审计的可能性就越高。公司支付股息的能力通常与会计收益挂钩,为了使企业与债权人之间的利益冲突降到最低,提供外部审计的财务报告是一种合适的选择（Watts，1977）。Chow（1982）以1926年165家纽交所和场外交易公司为样本，进行了单变量和多变量检验，结果发现公司杠杆、公司规模和基于会计的债务契约的数量预计会增加公司自愿聘请外部审计的可能性。以上文献的结论与审计的代理理论保持一致，即外部审计能够帮助控制公司经理、股东和债权持有人之间的利益冲突，降低企业代理成本。

3.2.3　审计的保险理论

审计的代理理论和审计的信号传递理论，实际上都是通过审计的鉴证机制推进信息的使用者的直接需求，即审计师对被审计的财务信息进行审查，并对其可信度给出意见和建议，以此降低外部信息使用者对财务信息的怀疑程度，避免出现财务错报甚至财务舞弊。然而由于审计师民事责任的不断扩大，当投资者依赖被审计的财务报表进行证券交易而发生损失时，如果审计师存在一些审计失败的事实，那么投资者往往会通过法律诉讼的形式向审计师索取损失赔偿。审计的保险理论认为，审计能够转移财务报表风险，主要是基于保险机制在审计合同中发挥其作用。

Jensen和Meckling（1976）提出的委托代理理论指出，企业中合同的各方基于自身获取的信息出于各自的利益做出最优解，但财务会计信息被公司管理层所掌控，管理层可能出于自身考虑会隐藏某些重要信息。因此，需要有对应的核查制度来确保财务信息的真实有效，降低信息使用者与信息提供者间的不对称程度，方能进入下一步合同的订立和履约。信息使用者的本质需求是降低财务信息的信息风险。

审计能够通过两种机制降低报告使用者的信息风险：首先是审计的鉴证机制，审计师对财务会计信息进行审计，确保其信息报告符合财务会计准则、公允公开等，从而降低外部投资者和其他信息使用者的信息不对称程度；其次就是审计的保险机制，将风险全部或者部分转移给审计师，利用保险的形式，若出现信息不符导致的损失，审计师将会承担部分甚至大部分责任，最终达到降低信息使用者的信息风险的目的，同时这种方式不一定要消除财务信息中的错误和舞弊。由于审计师的工作同样具有不透明性，外界无法有效地了解审计师工作状况，仅能通过审计结果推断审计师的实际努力情况，因而实践中也需要建立一个可行的风险转移机制，通过建立审计相关保险的形式将风险全部或者部分转移至审计师，使得信息使用者因财务报告舞弊或者错误造成的损失得到降低甚至消除。在财务信息质量一定的情况下，通过建立民事赔偿责任制度，在发生财务错误或者舞弊时，信息使用者能够获得全部或者部分来自审计师的赔偿，以降低信息使用者的损失，这就是所谓的审计保险理论。

审计的保险理论认为审计具有保险价值，它能够在必要时向投资者提供赔偿，具有风险转移的功能。Menon 和 Williams（1994）分析了审计保险理论存在的两个前提条件：一是拥有健全的法律保障，能够就因信息错误带来的损失向审计师索取赔偿；二是审计师具有"深口袋"，即拥有足够的资产用于支付赔偿。保险假说的成立需要外在完善的法律来保护，当信息使用者在面临财务信息错报或者舞弊时，能够向审计师索取补偿，审计师此时将会被看作财务信息风险的保险人。虽然审计契约中并没有具体的有关审计师审计失败的赔偿条款，但对于审计师的法律责任在民事赔偿法律中有具体的规定，相当于订立了保险合约，能够将财务风险在审计师和外部报告使用者中进行二次分配。

审计师的民事赔偿责任制度决定了审计的保险价值。当信息使用者可以就损失向审计师提起民事赔偿请求时，审计才具有保险的价值。

当审计师能够提供全额保险，对信息使用者因审计失败所导致的损失进行全额赔偿时，信息使用者的直接需求就是审计的风险转移机制，而非审计的鉴证机制。如果民事责任制度约定，一旦出现信息风险，审计师将全额赔偿，那么信息使用者就变成了被保险人，审计师变为了保险人，即如果事后被证明信息使用者所依赖的财务信息存在重大错报而导致信息使用者的决策失败，那么审计师作为财务信息的保险人，将向信息使用者提供赔偿。此时鉴证机制就不再是信息使用者的直接需求，而只是审计师保持其市场份额的核心竞争力。审计师需要努力使其收益（审计收费）大于成本（审计成本），来克服因财务信息带来的全部风险，审计师此时更多地扮演风险管理的角色。

在比例保险的情况下，信息使用者不能转移全部的信息风险，而仍然需要承担部分的财务信息风险，此时对于信息使用者来说，完整的审计制度应该包括审计的鉴证机制和审计的风险转移机制，即审计应该兼具鉴证价值和保险价值。审计的保险理论使我们认识到审计价值的提高既可以是审计鉴证价值的提升，也可以是审计保险价值的提高。图3-1给出了保险理论下的审计价值。

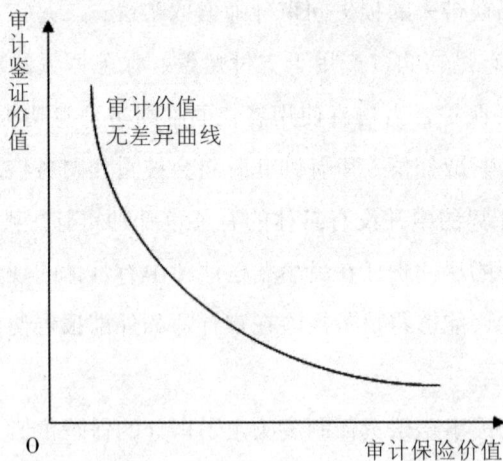

图3-1　保险理论下的审计价值

4

证监会处罚、审计师独立性和客户价值

4.1   引言

社会审计一直被认为是资本市场有效运作的必要条件，它为财务报表和相关披露的完整性提供了合理的保证。由于企业内部管理者与外部所有者和债权人之间存在信息不对称，因此审计师在解决代理问题和增加财务报表可信度方面发挥着重要作用。审计人员应保持应有的谨慎，包括在审计业务中遵循专业标准时的专业怀疑态度和判断。然而，近几年虚假财务报告的上升趋势震惊了大众，玷污了审计行业的声誉。

保持良好声誉对会计师事务所至关重要，投资者普遍认为，声誉良好的审计师会提供更高质量的审计，为财务报表信息的可靠性提供更好的证明（Balvers 等，1988；Beatty，1989）；同时，上市公司需要聘请审计师对财务报告进行审计，以提高其财务报告的可信度，缓解与投资者之间的信息不对称，因此审计师声誉还具有信号效应。关于会计师事务所审计质量的不良消息会使得其声誉受损，导致外部投资者对其审计的客户财务报表的可靠性产生怀疑，并对客户公司价值产生负面影响。

2019年7月8日，因康得新财务造假事件，证监会启动对瑞华会计师事务所（以下简称瑞华所）的调查。这一调查表明瑞华所可能存在低审计质量，并给瑞华所审计的客户的财务报告质量带来不确定性。本书预计，瑞华所客户公司的股票价格将受到不利影响。如果公司为非国有企业，或是审计师独立性较低，这种影响将更加严重。本章分析了证监会启动调查对瑞华所审计客户股价的影响，因为这一事件提供了一个自然实验环境，有助于确定审计师声誉的经济意义。

本章首先分析了瑞华所在证监会启动调查前后311名客户的股价

反应，发现市场反应消极。调查前一天和调查当天（2019年7月7日和8日）的平均（中位数）市场模型调整的累计异常回报率（CAR）为-0.44%（-0.64%）。这一具有统计意义的价格反应意味着瑞华所客户的总价值损失为0.78亿元。接下来，本章使用横截面分析来调查这种市场反应是否与审计师独立性相关。具体来说，本书预测，当审计师独立性水平较低时，公告回报率将更低。根据之前的文献，本章使用非审计服务收费作为审计师独立性的衡量标准，其中较低的非审计服务收费代表审计师独立性较低，本章发现非审计服务收费与公告期异常收益率有显著的负向关系。进一步地，本章还使用了产权性质进行分组，检验二者之间的关系，发现在国企，非审计服务收费与公告期异常收益率的负向关系更强。综上所述，瑞华所的被调查为本章提供了一个独特的机会来调查审计师声誉和公司产权性质对公司估值的影响。

本章的研究贡献在于：（1）利用了一个外生的冲击，"干净"地识别了审计师声誉受损对审计客户市场价值的影响，并将审计师独立性与公司价值联系在一起，发现非审计服务有助于提高审计质量缓解公司价值受损，之后，在国有企业和非国有企业并重的中国市场，发现非国有企业价值受损会更加严重。（2）相比于前人发现"四大"会计师事务所的声誉受损会影响其客户公司价值，认为"四大"才是声誉机制在审计服务市场作用的最好体现者（朱红军等，2008）。本章将事务所范围进一步拓展到了国内所——瑞华所，说明我国本土大所也拥有着良好的声誉，也进一步证明了我国本土事务所市场机制的健康发展。（3）成熟健康的资本市场应该能够对事务所声誉的变化做出灵敏的反应，本章通过研究瑞华所声誉受损对其客户价值的显著影响，从侧面说明了我国资本市场在逐步走向健康成熟。

本章后续部分构成如下：第二部分为瑞华所被调查的背景介绍、

有关瑞华所被处罚导致客户股价波动的理论分析及研究假设的提出；第三部分是本章的回归研究设计，包括瑞华所客户样本选取、回归中涉及的变量设计及回归模型构建；第四部分为本章的所有实证结果分析；第五部分为进一步分析，在主要结果的基础上进一步分析了不同类别下的结果；最后是本章的研究结论部分。

4.2 背景和研究假设

4.2.1 瑞华所被调查事件背景

2019年7月5日，证监会向康得新公司下发（处罚字〔2019〕75号）《中国证券监督管理委员会行政处罚及市场禁入事先告知书》。①当晚，康得新公司公告称公司股票可能会被强制退市。7月8日，证监会启动对康得新的年报审计机构瑞华所的调查。②7月28日，瑞华所在其微信公众号上发布了关于康得新项目工作说明，称已全面履责，执行了应有的审计程序。

本章从百度指数关键词搜索数据库中按照"瑞华"和"瑞华会计师事务所"两个关键词导出了关于瑞华所的搜索频次趋势图（电脑和手机端搜索次数总和），如图4-1所示。从图4-1中可以明显看到，从2018年起，关于瑞华所的搜索基本保持稳定，"瑞华"关键词的搜索频次在200~500波动（均值455次），"瑞华会计师事务所"关键词的搜索频次在300~900波动（均值835次）。2019年7月8日，证监会

---

① 公告显示，康得新涉嫌在2015年至2018年期间，通过虚构销售业务等方式虚增营业收入，并通过虚构采购、生产、研发费用、产品运输费用等方式，虚增营业成本、研发费用和销售费用，虚增利润总额达119亿元。

② 康得新2015年虚增利润总额23.81亿元，2016年虚增利润总额30.89亿元，2017年虚增利润总额39.74亿元，2018年虚增利润总额23.81亿元。在2018年之前，瑞华所连续五年出具"标准无保留意见"审计报告，只有在2018年，瑞华所才出具了"无法表示意见"的审计报告。在连续四年利润造假中，瑞华所获得的审计费用一共840万元。

启动对瑞华所的调查后，有关瑞华所的搜索达到第一次高峰（图4-1下面的箭头所指），7月28日，瑞华所发布其工作说明后，有关瑞华所的搜索达到第二个高峰（图4-1上面的箭头所指）。

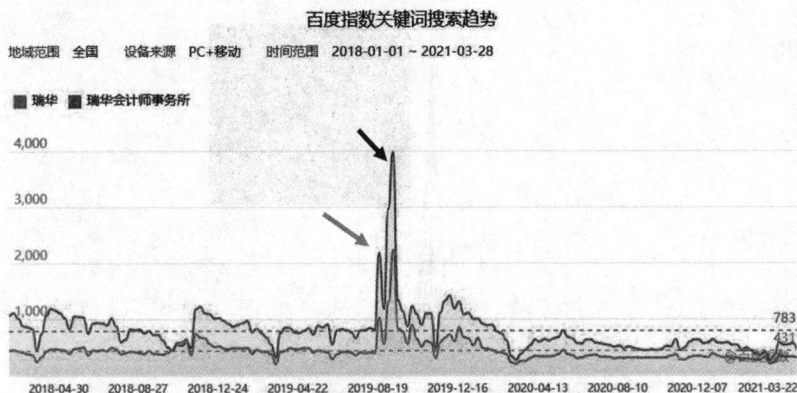

图 4-1 "瑞华"和"瑞华会计师事务所"关键词搜索频次趋势图

接着本章进一步聚焦在两次搜索高峰，如图4-2所示，2019年7月8日搜索"瑞华"的数量达到1 179次（均值455次），搜索"瑞华会计师事务所"的数量达到3 084次（均值835次），超搜索均值2~3倍。

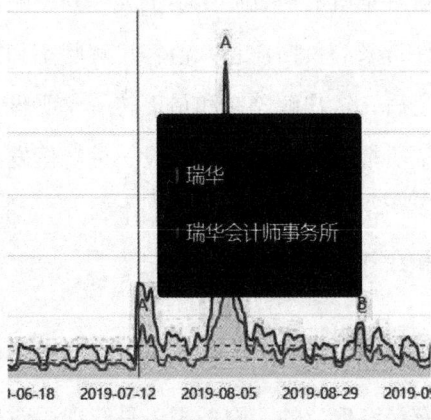

图 4-2 2019年7月8日瑞华所关键词搜索频次图

如图4-3所示，2019年7月29日（7月28日为星期日）搜索"瑞华"的数量达到4 577次（均值455次），搜索"瑞华会计师事务所"的数量达到10 305次（均值835次），超搜索均值10倍。

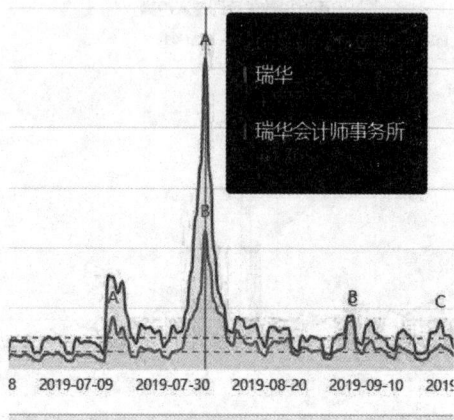

图4-3　2019年7月28日瑞华所关键词搜索频次图

因此，本章选择了2019年7月8日作为第一事件日，在进一步分析中，还对7月29日（7月28日为星期日，顺延至下一个工作日）的市场反应进行了分析。本章的关注点集中在调查日（即7月8日），证监会启动的调查对瑞华所的声誉产生了重大不利影响。虽然，在此之前，已有其他事件带来的负面消息，但客户解聘率和员工转所率均较低，在调查日期之后，客户解聘率和员工转所率明显上升。证监会启动调查之后，瑞华所拟进行的增发、配股、可转债发行等项目纷纷被中止审查，同时瑞华所2018年审计的上市公司纷纷发布解聘公告，所内大量合伙人和会计师开始转所。

4.2.2　文献回顾和研究假设

审计质量是有经济价值的。财务报表是管理层向外界的陈述，也是审计师提供报表有效性保证的结果。Jensen和Meckling（1976）提出的代理理论中指出，审计质量越高，公司财务报表可信度也越高，从而减轻代理问题，提高公司价值。如（Watts 和 Zimmerman，1983）发现在首次公开发行（IPO）市场上，审计质量较高的公司发行价格更高，定价偏低的情况更少。

维护高质量的声誉对于会计师事务所来说是极其重要的，因为审计质量无法直接观测，也难以可靠地量化。投资者也无法直接观察到公司审计质量的高低，无法确定所报告的信息是不是企业财务业绩的无偏指标，审计师声誉成为衡量客户财务报表质量和准确性的重要指标（DeAngelo，1981）。外界普遍认为声誉良好的审计师能提供更高质量的审计，从而更好地证明财务报表的可靠性（Balvers 等，1988）。

因此，在资本市场上，审计师声誉会直接影响客户市场价值。当审计师声誉受损时，会增加其审计财务报表的不确定性，投资者也会下调对公司的预期，卖出股票，导致公司股票价格下跌。证监会对瑞华所的调查揭示了瑞华所的潜在问题，并对其声誉造成损害，这将对其审计的财务报表质量产生不利影响，客户公司利润和账面价值被高估的可能性更大，公司股价也会对此做出负面反应。因此，本章认为对于瑞华所的客户而言，瑞华所被调查启动期的股票收益为负值。

H1：瑞华所被调查的消息公布后，瑞华所的客户的股票收益为负。

在检验瑞华所声誉受损导致客户价值下跌的效应存在后，还需要考虑其机制如何运转。审计的有效性因审计人员的素质高低而不同。许多研究表明，较高的审计质量与审计师事务所的审计师有关，其中审计质量被定义为：审计师发现违规行为的概率和报告违规行为的概率（DeAngelo，1981）。

审计师的独立性直接影响到审计师能否可靠地提供证明。如果审计师独立性存在问题，报告违规行为的概率会降低，导致审计质量降低。只有当审计人员不受任何影响，客观工作，不偏不倚地进行审查并发表审计意见，投资者才不会怀疑财务报表信息。瑞华所曾是国内极具声誉的审计师事务所，在瑞华所被调查后，市场将重新评价其审计的公司财务报表的质量。毫无疑问，如果投资者对瑞华所的独立性产生担忧，将会进一步对其审计的公司股价产生负向引导。审计师独立性受损越严重，此种影响将会越明显。

基于前人文献，多利用非审计服务收费来衡量审计师独立性。但从理论上看，非审计服务对审计师独立性及审计质量的影响在学术界有着不同的两类看法。一部分学者认为，审计师在提供审计的同时提供非审计服务会带来两方面的困扰，一方面，审计师与客户间的经济纽带会提高审计师对客户的经济依赖程度，并削弱审计师的独立性；另一方面，由于非审计服务涉及客户的管理，审计师会尽可能地避免发表对自己不良的言论，换而言之，选手兼裁判的身份会使得审计师很难保证客观公正（Parkash 和 Venable，1993；陈汉文、黄宗兰，2001）。另外一部分学者则认为，由于市场声誉和审计师法律责任的约束，非审计服务不会影响审计师的独立性，反而能够帮助审计师深入了解客户的经营和业务，此类"知识溢出"不仅能降低参与风险，还有助于审计师更好地对公司进行审计，提高公司审计质量（DeAngelo，1981；Simunic，1984）。刘星等（2006）也发现，在我国，没有证据显示非审计服务的提供会影响注册会计师的审计独立性。而董普等（2007）则以2003—2005 年的 A 股上市公司为样本，研究发现非审计服务提高了审计质量。

上述两种观点都有其理论依据和实证检验支持，前者认为经济联系和"自做自审"的情况会损害审计师独立性，降低审计质量；后者认为，虽然前者因素的存在可能会损害独立性，但在声誉和法律的约束下，会使得审计师保持独立性，同时由于非审计服务能够提高审计师专业胜任能力，反而更有助于提高审计质量。

基于本章样本分析，瑞华所在被调查前属于国内前五大的会计师事务所，有较高的声誉资本。在中国，错报会损害事务所的声誉，导致客户流失（Chen等，2016），因此瑞华所有较强的动机去维护其良好的声誉。同时随着近些年我国多次的审计制度改革，审计准则开始向国际审计准则看齐，审计师工作更加透明公开，此类压力可能会使得审计师更加谨慎。事务所发展非审计业务总体上应处于发挥正面作用的阶段（李晓慧、庄飞鹏，2015）。因此本章认为非审计服务的提供会使得瑞华所的审计师更有动力去维护其审计独立性，提高审计质量，非审计服务费用越高的公司，审计师独立性越高，其公司价值受损越少。因此提出了本书的第二个假设：

H2：瑞华所被调查的消息公布后，瑞华所非审计服务费用越低的客户公司，其累计异常收益率越低。

在中国证券市场，上市公司按照产权性质不同可以分为国有控股公司和民营公司。这两类公司在治理结构、管理层目标和政治联系等方面存在巨大差异。在我国，国企相对民企有较小的资金压力和业绩压力，同时由于社会和政治的限制，也会更充分地披露信息以满足监管部门和外界投资者的需求。如郑国坚等（2013）研究发现，国有控制企业的盈余管理程度要显著低于非国有控制企业。

因此，审计师独立性对公司价值的影响在公司产权性质不同的前提下会产生异化，即当瑞华所声誉受损时，相对于非国有企业，审计师独立性更高的国有企业的审计质量会得到投资者更多的信任，导致公司价值受损更为轻微。故提出假设3：

H3：瑞华所被调查的消息公布后，在国有企业，审计师独立性越高，其客户公司价值的损害越轻微。

4.3　样本选择和研究设计

4.3.1　样本选择与数据来源

　　本章选择的2018年审计报告是以瑞华所审计的共311家A股上市公司为样本。基本数据来源于CSMAR数据库，非审计服务收费的数据则来自迪博数据库（DIB）。具体选择见表4-1。

表4-1　　　　　　　　　　　　公司选择过程

项　目	公司数量
瑞华所审计的客户	331
剔除：2018年新上市的公司	5
剔除：没有个股日回报率的公司	2
剔除：计算AR过程中数据不够的公司	13
最终样本	311
子样本没有非审计服务费用的公司	167
子样本披露非审计服务费用的公司	144

4.3.2　变量选取与计算

　　（1）因变量

　　为评价证监会调查对瑞华所客户的影响，本章选择股票累计异常收益率CAR为因变量，采用事件研究法计算股票i的短期异常收益率。2019年7月8日为证监会对瑞华所启动调查日，也是本章的事件发生日（t=0）。本章选择了（-1，0）①为窗口期，共2个交易日。选择事件发生日前第130天至第30天（t∈［-130，-30］）为估计窗口期。

股票异常收益率AR是股票实际收益率减去预期收益率后的差额。公式如下：

$$AR_{i,t} = R_{i,t} - ER_{i,t} \tag{1}$$

其中，$AR_{i,t}$为公司i第t天的异常收益率，$R_{i,t}$为公司i第t天的股票收益率，$ER_{i,t}$为其预期收益率。本章采用Fama的市场模型来计算收益率，以市场收益对个股收益分别进行回归；根据拟合系数得到估计窗口期个股的预期收益。具体计算方法如下：

$$R_{i,t} = \alpha_i + \beta_i R_{m,t} + \mu_{i,t} \tag{2}$$

其中，$R_{m,t}$为第t天的市场收益率，$\mu_{i,t}$是随机误差项，得到α_i和β_i的估计值为$\hat{\alpha}_i$和$\hat{\beta}_i$。

计算预期收益率的公式为：

$$ER_{i,t} = \hat{\alpha}_i + \hat{\beta}_i \tag{3}$$

最后，计算股票i在事件窗口期的累计异常收益率：

$$CAR = \sum AR_{i,t} \tag{4}$$

CAR在正常情况下应当接近0，若CAR的均值显著小于0，则证明调查事件降低了公司的股票价值。

（2）自变量

$NAfee_i$指公司i付给瑞华所的非审计服务费用除以公司总资产的比率，除以公司总资产是为了剔除公司规模的影响。

（3）控制变量

参考现有研究资本市场事件的文献，本章控制了一些反映公司个

---

① 为了考察证监会调查对公司价值的短期市场反应，同时，尽可能避免窗口期内其他因素对股价的干扰。

体特征的变量。具体来说，包括公司总资产回报率ROA、上一年度营业收入增长率Growth、资产负债率Lev、是否国有企业哑变量SOE、上一年末总资产的自然对数Size、账面市值比BTM、公司市场价值的自然对数Market_Value和公司Tobin_Q。此外，还控制一些与公司治理相关的控制变量：董事长与总经理是否由同一人兼任的哑变量Dual、董事会人数Board、独立董事占董事会人数比例Ind_Board。最后本章还控制瑞华所收取的审计服务费用Afee。

4.3.3 模型设定

为了进一步检验H2和H3，本章将累计异常收益率CAR作为被解释变量，以非审计服务收费作为核心解释变量进行回归分析。关系可表述为：

$$CAR(-1, 0)_i = \alpha_0 + \beta_1 * NAfee_i + Controls + \varepsilon_i \qquad (5)$$

模型（5）中，若β_1显著大于0，则证明审计师独立性对短期累计异常收益率有显著的负向作用，即H2成立。

$$CAR(-1, 0)_i = \alpha_0 + \beta_1 * NAfee_i + \beta_2 * SOE_i + \beta_3 * NAfee_i * SOE_i + Controls + \varepsilon_i$$
$$(6)$$

模型（6）中，若β_1和β_3均显著大于0，则证明在国有企业，审计师独立性对短期累计异常收益率有着更强的负向作用，即H3成立。

4.4 数据分析和实证结果

4.4.1 行业统计分析

表4-2统计了本章中瑞华所2018年审计311家的上市公司所在的行业分布。从表4-2中可以看到瑞华所审计的计算机、通信和其

他电子设备制造业的公司最多，有29家，占比9.32%；医药制造业
客户有28家，占比9%；电气机械及器材制造业客户有23家，占比
7.4%。总的来说，瑞华所审计的客户行业结构较为均匀，并没有出
现集中在某特定行业的情况。前文提到的康得新上市公司属于"橡
胶和塑料制品业"，瑞华所在该行业共有6家客户公司，占比
1.93%。

表4-2　　　　瑞华所2018年审计的上市公司行业分布

行业名称	家数	比例（%）	行业名称	家数	比例（%）
计算机、通信和其他电子设备制造业	29	9.32	酒、饮料和精制茶制造业	4	1.29
医药制造业	28	9.00	零售业	4	1.29
电气机械及器材制造业	23	7.4	食品制造业	4	1.29
专用设备制造业	21	6.75	印刷和记录媒介复制业	3	0.96
化学原料及化学制品制造业	20	6.43	开采辅助活动	3	0.96
软件和信息技术服务业	15	4.82	文教、工美、体育和娱乐用品制造业	3	0.96
房地产业	10	3.22	石油加工、炼焦及核燃料加工业	3	0.96
互联网和相关服务	9	2.89	研究和试验发展	3	0.96
汽车制造业	9	2.89	纺织业	3	0.96
电力、热力生产和供应业	8	2.57	非金属矿物制品业	3	0.96
商务服务业	6	1.93	专业技术服务业	2	0.64
批发业	6	1.93	农副食品加工业	2	0.64
新闻和出版业	6	1.93	化学纤维制造业	2	0.64

续表

行业名称	家数	比例（%）	行业名称	家数	比例（%）
橡胶和塑料制品业	6	1.93	电信、广播电视和卫星传输服务	2	0.64
铁路、船舶、航空航天和其他运输设备制造业	6	1.93	综合	2	0.64
仪器仪表制造业	5	1.61	仓储业	1	0.32
广播、电视、电影和影视录音制作业	5	1.61	卫生	1	0.32
建筑装饰和其他建筑业	5	1.61	林业	1	0.32
有色金属冶炼及压延加工业	5	1.61	水上运输业	1	0.32
金属制品业	5	1.61	水的生产和供应业	1	0.32
黑色金属冶炼及压延加工业	5	1.61	生态保护和环境治理业	1	0.32
农业	4	1.29	畜牧业	1	0.32
土木工程建筑业	4	1.29	石油和天然气开采业	1	0.32
有色金属矿采选业	4	1.29	纺织服装、服饰业	1	0.32
煤炭开采和洗选业	4	1.29	航空运输业	1	0.32
通用设备制造业	4	1.29	资本市场服务	1	0.32
造纸及纸制品业	4	1.29	道路运输业	1	0.32

4.4.2　客户CAR值描述性分析

接下来，本章采用事件研究法来考察瑞华所被证监会调查后对其客户公司价值的影响。累计异常收益率CAR的正负和大小能直接反映具体事件对于事件公司价值的影响。本章在表4-3中汇报了瑞华所被证监会调查后311家上市公司的CAR单变量实证结果。本章分别选取事件发生日前一天到当天（-1，0）、事件日当天（0）为事件窗口。可以看到，不同事件窗口期下CAR的均值都小于0，均在5%的水平上显著。在（-1，0）窗口，CAR的均值为-0.0044，且在5%的水平上显著异于0，这表明，投资者在瑞华所被调查后遭受了约0.44%的超额损失，其中203家上市公司的CAR为负，108家公司为正，约2/3的公司遭受了股价的下跌；在（0）窗口，CAR的均值为-0.0035，在5%的水平上显著异于0，这表明，投资者在瑞华所被调查后遭受了约0.35%的超额损失，其中206家上市公司的CAR为负，105家公司为正，约2/3的公司遭受了股价的下跌。这一结果表明，瑞华所被调查事件发生后，其审计的上市公司价值显著下降。支持了本章提出的瑞华所被调查的消息公布后，瑞华所的客户出现了负的异常回报的观点。本章的H1得到验证。

表4-3   调查事件发生后瑞华所客户的累计异常收益率平均值

事件窗口	CAR均值（%）	负值/正值	t值
（-1，0）	-0.44	203/108	-2.2568**
（0）	-0.35	206/105	-2.4129**

注：***、**和*分别代表在1%、5%和10%水平上显著。

被调查事件的CAR反映的是瑞华所被调查后对其审计的客户公司价值的影响。那么，这些超额损失是否会因审计师独立性水平的不同而有所差异？对此，本章分别在（-1，0）和（0）两个窗口，基于非审计服务费用的均值高低进行了分组，并进行了分组检验。由表4-4可知，在（-1，0）窗口发现非审计服务费用较高的公司，其CAR的均值等于0.21%，高于非审计服务费用较低的公司CAR均值

-0.96%，差异1.17%，在5%的水平上显著；在窗口（0）发现非审计服务费用较高的公司组CAR均值为-0.21%，高于非审计服务费用较低的公司CAR均值-0.68%，差异0.47%。总的来说，此结果初步验证了H2，即瑞华所被调查的消息公布后，瑞华所非审计服务费用越低的客户公司，其累计异常收益率越低。

表4-4   审计师独立性与市场反应

事件窗口	CAR均值（%）		差异（%）	t值
	非审计服务费用较高（N=37）	非审计服务费用较低（N=107）		
（-1，0）	0.21	-0.96	1.17	2.0281**
（0）	-0.21	-0.68	0.47	1.0903

注：***、**和*分别代表在1%、5%和10%水平上显著。

4.4.3 子样本回归结果

（1）样本描述性统计

表4-5是本章审计师独立性与市场反应的相关变量的描述性统计。如表4-5显示N=144是瑞华所客户中共有144家公司披露了非审计服务费用数据。证监会启动调查日的样本公司累计异常收益率CAR（-1，0）的均值为-0.007，CAR（0）的均值为-0.006，二者均为负值，中位数均小于0（前者为-0.008，后者为-0.009），说明证监会启动调查后，样本公司遭受了股价的下跌。审计服务费用的均值为155.629万元（表中为标准化后的结果），非审计服务费用均值为36.323万元（表中为标准化后的结果），为了剔除公司规模的影响，在回归中本章将审计服务费用和非审计服务费用除以其公司上一年度总资产，前者用Afee指代，后者用NAfee指代。

表4-5   审计师独立性与市场反应

Variables	N (家)	mean	sd	min	p50	max
CAR（-1，0）	144	-0.007	0.030	-0.084	-0.008	0.130
CAR（0）	144	-0.006	0.023	-0.048	-0.009	0.131
审计服务费用（万元）	144	155.629	106.055	30.000	120.000	600.000
Afee	144	0.00010	0.00020	0.00000	0.00005	0.00215
非审计服务费用（万元）	144	36.323	22.616	0.000	30.000	160.000
NAfee	144	0.00039	0.00101	0.00001	0.00021	0.01184
ROA	144	0.028	0.091	-0.544	0.033	0.210
Growth	144	0.110	0.269	-0.965	0.093	1.032
Lev	144	0.472	0.224	0.022	0.449	1.047
SOE	144	0.208	0.408	0.000	0.000	1.000
Dual	144	1.785	0.412	1.000	2.000	2.000
Board	144	8.764	1.722	5.000	9.000	16.000
Market_Value	144	22.926	1.270	20.766	22.773	27.633
Tobin_Q	144	1.677	2.723	0.735	1.283	32.989
BTM	144	0.779	0.246	0.030	0.780	1.361
Ind_Board	144	0.376	0.052	0.250	0.364	0.571

注：为了便于观察，Afee和NAfee两个数据保留5位小数，其余数据均保留3位小数。

（2）回归结果

表4-6汇报了不同时间窗口下，控制了各类控制变量后，瑞华所审计客户非审计服务费用与在证监会调查立案日市场反应的回归结

果。列（1）、（2）是不同时间窗口下的回归结果，列（1）是（-1，0）窗口下非审计服务费用与累计异常收益率CAR的回归结果，列（2）是（0）窗口下非审计服务费用与累计异常收益率CAR的回归结果。在两个窗口非审计服务费用NAfee的系数均为正，且均在5%的水平上显著。如表4-6列（1）NAfee的系数为0.025，在5%的水平上显著；列（2）中NAfee的系数为0.022，在5%的水平上显著，这表明在控制了公司特征、公司治理等因素后，非审计服务费用与公司CAR值正相关，即非审计服务费用越高，公司CAR值越大。总的来说，以上结果支持了本章提出的瑞华所非审计服务费用越低的客户公司，其累计异常收益率越低的假设，进一步验证了H2。

表4-6　　　　　　　　　非审计服务费用与市场反应

Variables	(1) CAR (-1, 0)	(2) CAR (0)
NAfee	0.025**	0.022**
	(0.030)	(0.015)
Afee	-0.031	-0.021*
	(0.207)	(0.096)
ROA	-0.001	0.013
	(0.964)	(0.571)
Growth	0.011	0.002
	(0.362)	(0.816)
Lev	0.015	0.021
	(0.598)	(0.387)
SOE	-0.005	-0.005
	(0.457)	(0.337)

续表

Variables	(1) CAR (-1, 0)	(2) CAR (0)
Dual	0.001	0.004
	(0.870)	(0.327)
Board	0.003*	0.002
	(0.080)	(0.159)
Market_Value	-0.000	0.000
	(0.912)	(0.913)
Tobin_Q	-0.007	-0.009
	(0.360)	(0.159)
BTM	-0.037	-0.034*
	(0.137)	(0.086)
Ind_Board	0.062	0.042
	(0.318)	(0.350)
_cons	-0.016	-0.021
	(0.858)	(0.780)
N	144	144
adj. R^2	0.087	0.103

注：***、**、*分别表示系数在1%、5%和10%的统计水平上显著，数据代表各自变量的回归系数，括号内数据为经公司层面Cluster调整后的P值。

表4-7汇报了本章H3的基准回归结果。同样地，列（1）、（2）是不同时间窗口下的回归结果，在两个窗口非审计服务费用NAfee的系数均为正，窗口为（-1，0）时在5%的水平上显著，窗口为（0）时在1%的水平上显著；国企哑变量SOE和非审计服务费用的交互项

NAfee* SOE 的系数也均为正数，在窗口为（-1，0）时在1%的水平上显著。这意味着在控制了公司特征等因素后，一方面，非审计服务费用对事件期公司累计异常收益率有直接的正面影响；另一方面，如果公司为国企，非审计服务费用对 CAR 的正面影响会更强。总的来说，相对于国有企业，非国有企业购买的非审计服务对公司价值的损害更为严重，本章的 H3 得到验证。

表4-7　　　　非审计服务费用、公司产权性质与市场反应

Variables	CAR（-1，0）(1)	CAR（0）(2)
NAfee	0.028**	0.024***
	(0.014)	(0.009)
SOE	0.003	0.000
	(0.713)	(0.948)
NAfee* SOE	0.038*	0.025
	(0.095)	(0.111)
Afee	-0.042**	-0.026**
	(0.043)	(0.018)
ROA	-0.005	0.011
	(0.876)	(0.645)
Growth	0.014	0.004
	(0.287)	(0.699)
Lev	0.016	0.022
	(0.569)	(0.371)
Dual	0.000	0.004
	(0.956)	(0.373)

续表

Variables	CAR (-1, 0) (1)	CAR (0) (2)
Board	0.003*	0.001
	(0.095)	(0.185)
Market_Value	-0.000	0.001
	(0.945)	(0.886)
Tobin_Q	-0.005	-0.007
	(0.476)	(0.204)
BTM	-0.034	-0.032
	(0.170)	(0.104)
Ind_Board	0.062	0.042
	(0.311)	(0.345)
_cons	-0.025	-0.026
	(0.781)	(0.721)
N	144	144
adj. R^2	0.109	0.121

注：***、**、*分别表示系数在1%、5%和10%的统计水平上显著，数据代表各自变量的回归系数，括号内数据为经公司层面 Cluster 调整后的 P 值。

4.5 进一步检验

4.5.1 瑞华所的工作说明与客户市场价值

在证监会启动对瑞华所的调查后，瑞华所面临前所未有的困境，所负责的 IPO 项目被全面叫停，负责的公开增发、非公开发行、可转债等项目也全部被中止审查。2019 年 7 月 28 日，瑞华所在微信公众号上发布推文，推文中总结提到瑞华所在康得新项目审计中已经履行了该所应尽的职责义务。

为此，本章检验了 2019 年 7 月 29 日（7 月 28 日为星期日，顺延至下一个工作日）瑞华所发布工作情况说明的推文后其审计的上市公司的市场反应。如表 4-8 所示，可以看到，不同事件窗口下 CAR 的均值都小于 0，（-1，0）窗口在 10% 的水平上显著，（0）窗口在 5% 的水平上显著。这说明，在瑞华所声誉受损后，市场并不信任瑞华所在其声明中对其工作的描述，瑞华所自认为已经尽职尽责的想法没有得到投资者的认可。这可能是因为在中国股市，投资者对任何谣言都宁愿信其有，导致辟谣并不能拉回股价（赵静梅等，2010）。相反，由于瑞华所的进一步曝光，反而引起了投资者的负面关注效应，导致其审计的上市公司价值受损。

表 4-8　　　　　　瑞华所发布公众号推文后的市场反应

事件窗口	CAR 均值（%）	t 值
（-1，0）	-0.27	-1.6971*
（0）	-0.24	-2.3957**

注：***、**和*分别代表在 1%、5% 和 10% 水平上显著。

4.5.2　瑞华所客户的解聘公告情况分析

在瑞华所被证监会调查后，其客户接连发布审计机构变更公告，本章进一步分析了其客户发布解聘公告后的情况。

首先，本章统计了瑞华所被客户解聘后，客户选择的继任会计师事务所情况。根据注册会计师协会网站的披露，共有 292 个客户选择了解聘瑞华所，选择其他事务所进行2019年的年报审计。表4-9是瑞华所客户选择的继任会计师事务所的数据统计，从表中可以看出，选择信永中和会计师事务所的公司最多，有51所，占比高达17%，其次是致同会计师事务所，有46家。

表4-9　　　　瑞华所客户选择的继任会计师事务所情况

后任名称	数量	占比（%）	后任名称	数量	占比（%）
信永中和	51	17.47	普华永道中天	4	1.37
致同	46	15.75	亚太（集团）	3	1.03
天健	29	9.93	安永华明	3	1.03
中审众环	24	8.22	永拓	3	1.03
大信	22	7.53	中审华	2	0.68
大华	19	6.51	北京兴华	2	0.68
容诚	18	6.16	希格玛	2	0.68
中汇	13	4.45	毕马威华振	2	0.68
立信	13	4.45	上会	1	0.34
中兴华	9	3.08	公证天业	1	0.34
中天运	6	2.05	利安达	1	0.34
天职国际	6	2.05	四川华信	1	0.34
中喜	5	1.71	天衡	1	0.34
中兴财光华	4	1.37	立信中联	1	0.34

本章发现，上市公司在解聘瑞华所后，仅有不到10家选择国际4大所。其原因可能在于，由于瑞华所的被调查，国际四大会计师事务所相对于国内所更难以接受可能具有高审计风险的客户。如Shu（2000）发现相比于国际N大会计师事务所，小型会计师事务所的审计师更有可能接受被辞聘的具有高诉讼风险的客户。

　　根据披露，本章也统计了上市公司报备的变更原因。如表4-10所示，约38%的客户表示是因为经营与业务发展需要而变更瑞华所，而由于原审计团队变更导致换所的占比约为23%，因为瑞华所连续服务多年而变更的数量占比排名第3，约为17%。可以看到，明确表示由于瑞华所被立案调查而解聘的公司占比极少，仅3家上市公司，占比约1%。

表4-10　　　　　　　　　　瑞华所客户解聘瑞华所的原因

报备陈述变更原因	数量	占比（%）
上市公司经营与业务发展需要	111	38.01
原审计团队变更会计师事务所	66	22.60
前任事务所已连续服务多年	51	17.47
法定服务期限已满	12	4.11
上市公司审计工作需要	10	3.42
上市公司辞聘事务所	10	3.42
集团或控股股东要求更换事务所	9	3.08
根据国资委、财政部规定进行轮换	8	2.74
招投标	7	2.40
前任事务所接受立案调查或处罚	3	1.03
事务所决定不再承接	1	0.34
保持审计工作的独立性、客观性和公允性	1	0.34
受疫情影响	1	0.34
未报备具体原因	1	0.34
根据业务发展和审计工作的需要	1	0.34

　　进一步地，本章还分析了解聘公告发布后，客户公司的市场反应。在剔除了解聘公告早于瑞华所被调查日期的数据后，本章以

2019年11月14日（中位数）作为中间日，将发布解聘公告的客户公司按照公告日期的早晚分为了两组。如表4-11所示，窗口（-1，0）中解聘瑞华所较早的公司其市场反应为正，CAR均值为0.03%，而解聘瑞华所较晚的公司其市场反应为负，CAR均值为-0.35%，即当客户解聘瑞华所时，较早解聘的公司其公告期的回报高于较晚解聘的公司。

表4-11　　　　　　　　解聘公告的及时性与市场反应

事件窗口	CAR 均值（%）		差异（%）	t 值
	解聘公告较早 （N=147）	解聘公告较晚 （N=145）		
（-1，0）	0.03	-0.35	0.38	1.0072
（0）	0.18	-0.17	0.36	1.1788

4.6　小结

审计师接受证监会调查意味着其声誉受损，本章以2019年瑞华会计师事务所被证监会立案调查为事件，考察我国投资者是否关注审计师声誉。结果发现，瑞华所接受证监会立案调查后，投资者会对瑞华所的客户公司产生消极反应；公司非审计服务费用越低，审计师独立性越弱，市场的负面反应越强烈；在国有企业中，审计师独立性对市场负面反应的弱化作用会更强。同时，当瑞华所发布关于康得新公司审计工作公告，希望澄清其失误时，并没有得到投资者认可，客户公司股价反而明显下跌；此外，在分析瑞华所客户解聘瑞华所的公告时发现，其客户并非更多地选择四大所为继任会计师事务所，且大都出于经营和业务发展需要，同时较快解聘瑞华所的客户，其公告期内

CAR 较高。

　　本章的研究结果表明，对于上市公司和审计师而言，证监会调查具有信息含量，对证监会致力于提升上市公司质量、服务实体经济的工作要求具有重要参考价值。随着我国资本市场开放程度不断提升，A股市场将更广泛地迎来投资者参与，公司质量尤其是财务报表质量也越来越引起投资者关注。正如本章结果所示，审计师声誉受损会导致客户市场价值下跌，而审计师的独立性又能有效地抵御这种消极作用。因此审计师要积极投入审计服务当中，建立更高的声誉以获得投资者的认可，从而获得更高的市场份额和收入。

5

证监会处罚、审计委员会独立性和审计师选择

5.1　引言

审计委员会是上市公司聘用审计师的决策部门。2018年上交所发布的《董事会审计委员会运作指引》指出，审计委员会的职责包括向董事会提出聘请或更换审计机构的建议，上市公司聘请或更换外部审计机构，须由审计委员会同意并审批通过后方能递交给董事会进行决议。独立性是审计委员会职责履行的重要特征，审计委员会独立性越高，越有利于发挥选聘审计师的治理职能。在信息不对称和内外部利益相关者对公司财务报告质量的诉求中，审计师声誉成为财务报告质量的"信号"，审计委员会依赖审计师声誉做出聘用和保留审计师的决定，以提供高审计质量财务报告（Nagy，2014）。如果审计师的声誉受损，独立性越高的审计委员会能否更快地做出解聘提议，并选择声誉较好的继任会计师事务所？

为了回答这一问题，本章调查了瑞华会计师事务所（以下简称"瑞华所"）被立案调查后，公司解聘瑞华所的速度和对继任审计师的选择。之所以选择此次事件作为本章的研究对象，主要基于以下两个原因：第一，此次瑞华所被解聘事件为我们从理论上剥离审计委员会与审计师选择可能存在的自选择问题（Chaney et al.，2004；吴水澎、庄莹，2008）提供了很好的研究背景。瑞华所被证监会立案时，其审计委员会已然成立，不会因不同的审计师倾向而影响其审计委员会特征。瑞华所被立案调查，对于客户来说是外生事件。本章通过分析客户公司解聘瑞华所的时机和继任审计师的选择，检验审计委员会独立性对审计师选择的影响。第二，瑞华所作为曾经的内资审计第一大所，其审计师被认为具有技术专长和声誉激励。但在2019年7月8日，瑞华所被证监会立案调查后，迎来了中国会计师事务所最大规模的崩塌，共有292家（占2018年客户数的94%）上市公司宣告2019年年报审计终止聘用瑞华所，转投其他会计师事务所。2019年会计师事务所收入排名，瑞华所退出了前100名。作为中国版的"安达信"事件，本章的结论为研究证监会监管行为的非预期效应提供了来自审计师客户方面的证据。

基于上述分析，本章拟检验以下两个问题：第一，审计委员会独立性能否影响公司解雇声誉受损的审计师速度？第二，如果对解雇审计师速度有影响，那么独立性越高的公司是否会选择声誉良好的审计师作为继任者？本章采用手工搜集整理的审计委员会数据，以2018年瑞华客户为样本，进行了检验。结果发现：审计委员会独立性越高的客户，解聘瑞华所的速度越快，越倾向于选择"十大"会计师事务所作为其继任审计师。

本章在以下方面有边际贡献：

第一，从审计委员会独立性的角度丰富和拓展审计委员会治理效应的相关研究。审计委员会是公司审计师管理的重要治理机制，考虑到审计师选择和审计委员会独立性间可能存在的自选择问题（吴水澎、庄莹，2008；He等，2017），本书利用瑞华所被调查后，客户相继解聘瑞华所这一外生的事件，相对"干净"地识别了审计委员会独立性对审计师选择的影响。

第二，从解聘"污点"审计师的角度为研究审计师选择提供了新的证据。以前的研究主要关注于客户特征的内生变化驱动对聘任优质审计师的选择（孙铮、于旭辉，2007；翟华云，2007；张敏等，2010；陈关亭等，2014；王兵等，2019），本书则利用瑞华所被证监会立案调查这一相对外生的事件，探究了公司审计委员会独立性对声誉受损瑞华所解聘速度的影响，从解聘的视角为已有审计师选择的文献提供了"硬币另一面"的视角。

第三，本章结论为监管机构发布的有关审计委员会制度改革实施效力，提供了有用的经验证据。2018年证监会发布了新修订的《上市公司治理准则》，首次明确规定上市公司必须在董事会下设立审计委员会。在本章研究中，审计委员会独立性越高，公司解聘声誉受损的瑞华所的速度越快，且在解聘速度较慢的公司中，审计委员会独立性越高，选择"十大"所作为继任审计师的概率越高。因此，本章的研究有助于澄清有关审计委员会参与公司治理的争议，并为进一步推进公司治理水平，规范审计委员会的运作和审计委员会制度改革效力有用性提供理论依据和政策参考。

5.2 理论分析与研究假设

独立性是审计委员会履行职责的重要特征，其独立性越高，越有利于发挥其治理职能。前人研究发现审计委员会的独立性对公司治理绩效具有积极作用。如 Abbott 等（2004）证实了审计委员会独立性和财务重述之间的显著负向关系，Klein（2002）则发现审计委员会的独立性和公司异常应计项目之间存在负相关关系。国内学者也发现审计委员会的独立性越强，公司的应计盈余质量越高（潘珺、余玉苗，2017）；审计委员会的独立性对提高上市公司信息披露质量有着积极的促进作用（蔡卫星、高明华，2009）。这说明，审计委员会的独立性的提高，也有助于改善公司治理，提升监督作用。

独立性较高的审计委员会对于加强对财务报告程序的有效监督和确保高质量的财务报告至关重要（He et al.，2017）。上市公司通过提供经审计师审计的财务报告向投资者保证公司报告符合公认会计准则，审计质量越高，财务报告的可信度越强（Gipper et al.，

2020）。审计委员会负责雇用审计师审计和监督审计质量，是公司审计事务所任命最重要的治理机制（Lennox and Park，2007），它作为外部审计师与董事会之间的桥梁，减少了它们之间的信息不对称，促进了监督过程（Klein，2002），并加强了审计人员对管理层的独立性（Mautz and Neuman，1977）。一个独立性较高的审计委员会对于加强对财务报告程序的有效监督和确保高质量的财务报告至关重要。

审计委员会倾向于依靠审计师的声誉来推断审计质量，因为声誉良好的审计师能为投资者提供关于财务报表可信度强有力的保证（Weber et al.，2008）。受到批评的审计师的客户往往在股票市场价值上遭受虽小但统计意义重大的损失（Chaney and Philipich，2002），公开的审计失败会降低客户财务报告可信度（Defond and Zhang，2014）。

康得新财务造假事件，让为其提供年报审计的瑞华所声誉受到了极大损失，之后短短数月内的瑞华所工作人员和审计客户的双双流失也说明这更多的是因为对瑞华所声誉的担忧，而不是因为客户的经营或者财务状态的改变导致了会计师事务所的变更。因此在瑞华所声誉极度受损的情况下，为了与瑞华所撇清关系，公司会快速地发布解聘公告①，向外部投资者释放其财务质量较高的信号。公司解聘公告的延迟可能会增加与财务报表提供的决策相关信息的不确定性。随着延迟的增加，投资者可能会将解聘公告的延迟解释为公司财务报表质量可疑的信号，或者是存在"坏消息"的迹象，正如投资者对盈余公告延迟的担忧（Pawlewicz，2018）。

---

① 在实务中，审计委员会决议时间和实际解聘公告时间差异较小，且限于数据限制（仅上交所所属上市公司披露），最终使用上市公司解聘公告发布日期为解聘时间。例如，"尚纬股份"7月19日，审计委员会召开会议提议解聘瑞华所，7月20日，公司董事会决议通过，并发布解聘公告。

因此本章预测，较高独立性的审计委员会更有可能关心审计师的声誉，审计委员会独立性越高，公司会越快解雇一名声誉受损的审计师。因此，本书提出假设1：

H1：审计委员会独立性越高的公司，其解聘瑞华所的时间会更早。

分析师可以降低两权分立产生的代理成本（Jensen and Meckling，1976），作为重要的信息中介，可以发现并抑制管理层的违规行为，具有公司治理功能（Healy and Palepu，2001）。同时分析师作为公司财务报告信息的解读者，通过声誉模式和信息挖掘模式直接影响市场（张宗新和杨万成，2016）。分析师跟踪将公司的信息传播到更广泛的市场上，增加了公司加速反应利空事件的可能性。普遍而言，分析师具有较高程度的专业知识，会付出较多的时间也具有更强的能力去阅读公司财务报表，解读公司相关新闻，并给出专业建议，扮演信息中介的角色，降低信息的不对称，促进公司治理机制有效运行（李春涛等，2014）。

因此，本书认为分析师跟踪越多的公司越是关注财务报告可信度和审计师声誉，越是注重审计师声誉对降低权益成本、缓解与投资者之间信息冲突的影响，对于分析师跟踪较多的公司，公司审计委员会发挥的治理作用更强，在面临审计师声誉受损时，公司会更快地解雇其审计师。因此，本书提出假设2：

H2：在分析师跟踪较多的公司，审计委员会的独立性越高，解聘瑞华所的速度更快。

我国A股上市公司按照实际控制人性质分为国有和民营两类，国有企业受政府支持力度较大，受到政府的干预也较多。由于治理结构、管理目标和政治联系等方面的差异，导致国有企业、民营企业的治理水平、治理范式也存在诸多不同。上市公司第一大股东的所有权性质不同，其公司业绩、股权结构和治理效力也不同，第一大股东为非国家股股东的公司治理水平更高（徐晓东和陈小悦，2003）。在此背景下，国有企业对高质量审计师的需求较小，其公司审计委员会提供的治理作用也会较弱，如Wang等（2008）发现相对于非国有企业，国有企业更倾向于雇用本地小型会计师事务所。非国有企业主要依靠自身公司治理和经营业绩来改善公司形象，对高质量的外部审计师需求更大，在面临审计师声誉受损时，公司审计委员会发挥的治理作用也会更强。因此，本书提出假设3：

H3：在非国有企业中，审计委员会的独立性越高，解聘瑞华所的速度更快。

5.3 样本选择和研究设计

5.3.1 审计委员会制度背景和样本选择依据

实务中，审计委员会会议的召开全部须由审计委员会中的独立董事提议召开和主持。《上市公司董事会审计委员会运作指引》（上交所，2013）中：第十条"审计委员会召集人由独立董事担任，负责主持委员会工作"。第二十二条"审计委员会会议分为定期会议和临时会议。由审计委员会召集人召集和主持。审计委员会召集人不能或者拒绝履行职责时，应指定一名独立董事委员代为履行职责"。

解聘会计师事务所的时间点是通过召开审计委员会会议决定的，会议决定解聘瑞华所的日期和公告日期可能存在差异。但有关审计委员会会议的召开时间目前尚无法完全获得且与实际解聘公告日期差异较小，因此最后使用上市公司发布解聘公告的时间为研究节点。具体原因有以下三点：

（1）审计委员会会议召开时间在召开时均不披露，同时外部投资者获取解聘信息的时点亦为解聘公告发布日。目前仅能够从上市公司披露的审计委员会履职报告中获得（例如"尚纬股份"2019年的审计委员会会议召开时间只能在2020年4月25日公告的审计委员会履职报告中获得）。

（2）审计委员会履职报告数据未全部披露。根据《上海证券交易所上市公司董事会审计委员会运作指引》，审计委员会履职报告仅在上交所上市（证券代码为60****）的上市公司被强制要求披露（一年一次），在本章292个样本数据中，仅有88家公司归属于上交所并披露了审计委员会履职报告。同时，审计委员会履职报告也无固定报告形式，在部分公司的履职报告中也未提及具体的会议召开时间，只是笼统地提及了本年会议召开情况。例如"四川路桥"（证券代码600039）2020年4月30日公告的2019年审计委员会履职报告中，会议召开情况仅涉及次数和议案名称，如图5-1所示，仅能得知会议名称和会议次数，而无法得知具体的会议时间：

二、会议召开情况

2019年，第七届董事会审计委员会共召开9次会议。会议主要就2018年度财务报表的编制工作情况进行了总体安排，对公司的经营情况和财务情况等进行了沟通，并审议通过了以下议案：《2018年度财务审计报告》、《关于修订会计政策的议案》、《内部控制评价报告》、《关于路桥集团向铁投集团转让视高公司57.14%股权的议案》、《变更2019年度财务机构》和《变更2019年度内部控制审计机构》等共18个议案。

图5-1　"四川路桥"2019年审计委员会履职报告

（3）能够获取的数据中审计委员会会议的召开时间与解聘公告时间基本一致，不会影响本书结论。以"尚纬股份"（证券代码603333）为例，2020年4月25日公告的审计委员会履职报告中，有关审计委员会2019年度会议召开情况如表5-1所示，2019年2月27日，公司审计委员会审查通过了经瑞华所审查的2018年年报并提议续聘瑞华所为2019年年报审计会计师事务所。2019年7月19日，公司审计委员会提议解聘瑞华所，并提交董事会决议。

表5-1　　　"尚纬股份"审计委员会会议召开情况

会议时间	会议内容	会议结果
2019年2月27日	2018年年报审查和续聘瑞华所	审查通过，并同意提交董事会第十六次会议审议
2019年4月22日	2019年一季报审查	审查通过，并同意提交董事会第十八次会议审议
2019年7月19日	2019年半年报审查和解聘瑞华所	审查通过，并同意提交董事会第二十次会议审议
2019年10月18日	2019年三季报审查	审查通过，并同意提交董事会第二十一次会议审议

接着，通过阅读"尚纬股份"公司披露的董事会会议决议公告（如表5-2所示），发现与表5-1审计委员会会议对应的董事会会议均在审计委员会通过提交后的当天召开并通过，且均在第2天公告，即2019年7月19日审计委员会提议解聘，2019年7月20日董事会审议全票通过，同时公司发布更换会计师事务所的公告，将瑞华所解聘，新聘容城会计师事务所为公司2019年度审计机构，2019年7月20日也是本章所搜集的"尚纬股份"的解聘瑞华所时间。

表5-2　　　　　　　"尚纬股份"董事会会议召开情况

会议时间	会议名称	会议内容	会议结果
2019年2月28日	董事会第十六次会议	2018年年报（决议六）和续聘瑞华所（决议十三）	审议全票通过
2019年4月23日	董事会第十八次会议	2019年一季报审查（决议一）	审议全票通过
2019年7月20日	董事会第二十次会议	2019年半年报审查（决议一）和解聘瑞华所（决议二）	审议全票通过
2019年10月19日	董事会第二十一次会议	2019年三季报审查（决议一）	审议全票通过

5.3.2　样本选择与数据来源

　　2018年瑞华所共为332家上市公司提供财务报表审计，在全国拥有接近9 000名员工，仅次于普华永道的9 450名员工数，实现业务收入28.79亿元，全国排名第六。根据注册会计师协会网站的披露，2019年共有292家上市公司解聘瑞华所，选择其他事务所进行年报审计，其中鸿远电子公司（证券代码：603267）于2019年5月15日上市，中信出版公司（证券代码：300788）于2019年7月5日上市，青鸟消防公司（证券代码：002960）于2019年8月9日上市，海能实业公司（证券代码：300787）于2019年8月15日上市，中科海讯公司（证券代码：300810）于2019年12月6日上市，英杰电气公司（证券代码：300820）于2020年2月13日上市。本章剔除了这6家新上市的公司后，剩余286家上市公司。

  证监会启动对瑞华所的调查日期是 2019 年 7 月 8 日，有 9 家上市公司在此之前就已经解聘了瑞华所，因此也将其剔除，剩余 277 家上市公司。这 9 家上市公司分别是东港股份公司（证券代码：002117）于 2019 年 3 月 12 日发布解聘公告，深南电路公司（证券代码：002916）于 2019 年 3 月 13 日发布解聘公告，英可瑞公司（证券代码：300713）于 2019 年 3 月 13 日发布解聘公告，大悦城公司（证券代码：000031）于 2019 年 4 月 4 日发布解聘公告，贵研铂业公司（证券代码：600459）于 2019 年 4 月 8 日发布解聘公告，人民网公司（证券代码：603000）于 2019 年 4 月 18 日发布解聘公告，盛和资源公司（证券代码：600392）于 2019 年 6 月 13 日发布解聘公告，涪陵电力公司（证券代码：600452）于 2019 年 6 月 18 日发布解聘公告，百傲化学公司（证券代码：603360）于 2019 年 6 月 22 日发布解聘公告。

  本章样本公司的基础数据来源于 CSMAR 数据库，年份为 2018 年。审计委员会数据部分来自 CSMAR 数据库，再通过手工查阅公司公告和 Wind 数据库中公司高管现任管理层和离任管理层数据等进行补充和复核，逐一比对整理而成，最后得到样本数据 277 个，如表 5-3 所示。

表 5-3   **解聘瑞华所的公司样本选择**

2019 年解聘了瑞华所的上市公司	292
2019 年上市的公司	-6
在证监会立案调查前就已经解聘瑞华所的公司	-9
最终解聘瑞华所的样本公司	277

5.3.3　研究变量的选择

（1）审计委员会独立性（Ind_AC）

当审计委员会中独立董事比例较高时，审计委员会的独立性越高。本章使用Ind_AC指代审计委员会独立性，用审计委员会中独立董事的数量占审计委员会委员总数来衡量，该比例越大表明审计委员会独立性越高。

（2）解聘间隔（Gap_Days）

本章使用Gap_Days代表上市公司发布解聘公告日与瑞华所被调查日（2019年7月8日）的时间间隔，Gap_Days等于间隔天数的自然对数。Gap_Days越小，间隔天数越少，解聘速度越快。

（3）控制变量

参考Wang et al.（2008）及杜兴强和周泽将（2010）等的研究，本章控制了公司特征和审计师特征，前者包括盈利能力（ROA、ROE）、公司成长性（Growth）、财务风险（Lev）、公司规模（Size），以及公司治理水平：股东关联性（ShareholdConnect）、是否两职兼任（Dual）、公司设立的委员会总数（Committee_N）、董事会规模（Board）、独立董事比例（Ind_Board）、监事会规模（Spv_Board），后者包括审计师任期（Aud_tenure）和审计费用（Aud_fee）。

5.3.4　模型设计

为了检验审计委员会独立性是否会影响瑞华客户的解聘速度，本章设计了如下OLS回归模型（1）：

$$Gap\_Days_i = \beta_0 + \beta_1 Ind\_AC_i + \beta_2 Controls_i + Ind_i + \varepsilon \tag{1}$$

其中Gap_Days$_i$是公司i发布解聘公告日与瑞华所被调查日的间隔天数的自然对数，其数值越小，代表公司解聘瑞华所的速度越快；

Ind_AC$_i$表示 2018 年公司 i 审计委员会的独立性，其数值越大，代表审计委员会独立性越高；Controls$_i$包括控制变量，Ind$_i$是行业固定效应。本章预测模型（1）中的系数 β_1 应显著为正。

本章各变量的具体定义如表 5-4 所示。

表 5-4 各变量定义

变量名称	变量符号	变量定义
解聘间隔	Gap_Days	上市公司解聘公告发布日与 2019 年 7 月 8 日间隔天数的自然对数
继任审计师	Auditor_Choice	继任审计师是"十大"时取值为 1，否则为 0
审计委员会独立性	Ind_AC	等于审计委员会独立董事数量/审计委员总数
总资产收益率	ROA	等于净利润/总资产
净资产收益率	ROE	等于净利润/净资产
销售收入增长率	Growth	等于（本期销售收入–上期销售收入）/上期销售收入
资产负债率	Lev	等于公司总负债/总资产
公司规模	Size	上市公司上一年末总资产的自然对数
股东关联性	ShareholdConnect	前十大股东存在关联时取 1，否则取 0
两职兼任	Dual	当公司总经理兼任董事长时取 1，否则取 0
委员会总数	Committee_N	委员会设立个数，包括审计委员会、战略委员会、提名委员会、薪酬与考核委员会等的设立个数。
董事会规模	Board	董事会中董事数量加 1 的自然对数
独立董事比例	Ind_Board	董事会中独立董事数量/董事总数量
监事会规模	Spv_Board	监事会中监事数量加 1 的自然对数
审计师任期	Aud_tenure	审计师任职年份的自然对数
审计费用	Aud_fee	上市公司审计费用的自然对数
被分析师关注度	Ana_atention	跟踪上市公司分析师的数量加 1 的自然对数

5.4　实证结果与分析

5.4.1　描述性统计

表5-5报告了主要变量的描述性统计结果。按照自然对数还原后的结果，瑞华客户发布解聘公告的间隔时间平均为128天，最小间隔时间为4天，最大间隔时间为264天（表中Gap_Days是解聘间隔天数取自然对数后的数值）。继任审计师选择（Auditor_Choice）的均值为0.308[①]，说明大约有30%的客户公司在解聘瑞华所后，选择了"十大"会计师为继任会计师。审计委员会中独立董事占比（Ind_AC）均值为0.810，这是因为2018年4月20日，上交所、深交所发布了新的上市规则，明确规定上市公司必须在董事会下设立审计委员会，同时独立董事须占半数以上，因此样本中并不存在未设立审计委员会的公司。

表 5-5　　　　　　　　　　　　　主要变量的描述性统计

	N	mean	sd	min	p50	max
Gap_Days	277	4.762	0.515	2.833	4.875	5.58
Auditor_Choice	211	0.308	0.463	0	0	1
Ind_AC	277	0.810	0.098	0.600	0.792	1
ROA	277	0.027	0.109	−0.496	0.037	0.242
ROE	277	0.028	0.283	−1.508	0.073	0.341
Growth	277	0.159	0.262	−0.685	0.129	1.129
Size	277	22.226	1.289	19.54	22.105	27.467

[①]　删除了解聘原因中，明确表示由于审计师变更而导致换所的样本。

续表

	N	mean	sd	min	p50	max
Lev	277	0.436	0.229	0.056	0.424	1.047
SharecholdConnect	277	0.689	0.464	0	1	1
Dual	277	0.036	0.187	0	1	1
Committee_N	277	3.931	0.407	2	4	5
Board	277	2.227	0.168	1.792	2.303	2.639
Ind_Board	277	0.379	0.053	0.250	0.364	0.571
Spv_Board	277	1.463	0.180	1.099	1.386	2.079
Aud_tenure	277	1.656	0.664	0	1.792	2.944
Aud_fee	277	13.860	0.597	12.793	13.764	15.607

5.4.2 回归分析

（1）审计委员会独立性与解聘间隔

表5-6报告了公司审计委员会独立性与公司解雇会计师间隔日期数的回归结果。如表5-6所示，列（1）是仅添加公司常见的控制变量后的结果，列（2）在常见的控制变量基础上添加了审计师任期和审计费用后的结果，列（3）则进一步添加了公司治理常见的控制变量，列（4）则在前者的基础上控制了行业层面的固定效应。列（1）到列（4）中 Ind_AC 的系数均为负，列（4）中 Ind_AC 的系数为 −0.244，在 1% 的水平上显著，说明审计委员会独立性与解聘间隔日期负相关，即审计委员会独立性越高，间隔日期越短。回归结果验证了假设1，即在其他条件相同的情况下，如果客户公司审计委员会的独立性越高，它们将会更快地解聘瑞华所。在控制变量中，本章发现公司特征中 ROE（净资产收益率）和 Growth（销售收入增长率）与

Gap_Days（解聘间隔）显著负相关，这说明盈利能力越强的公司会更快地解聘瑞华所，这可能是因为盈利能力越强的公司更加注重审计师声誉以维持其财务报告可信度；公司 Lev（资产负债率）与Gap_Days（解聘间隔）显著正相关，说明负债程度越高的公司解聘瑞华所的速度越慢；在审计师特征中，Aud_tenure（审计师任期）与Gap_Days（解聘间隔）显著正相关，说明任期越久的审计师，公司解聘越慢，这可能是因为审计师与客户建立了较为密切的私人关系，因此也更难以脱离。

表5-6　　　　　　　　　审计委员会独立性与解聘间隔

Variables	Gap_Days			
	（1）	（2）	（3）	（4）
Ind_AC	−0.262**	−0.235**	−0.255***	−0.244***
	（0.017）	（0.022）	（0.005）	（0.003）
ROA	−0.015	−0.091	−0.083	−0.076
	（0.867）	（0.310）	（0.390）	（0.358）
ROE	−0.116*	−0.114*	−0.143**	−0.126**
	（0.079）	（0.067）	（0.025）	（0.029）
Growth	−0.184***	−0.171***	−0.173***	−0.151***
	（0.002）	（0.008）	（0.003）	（0.001）
Size	−0.046***	−0.040	−0.038	−0.040
	（0.009）	（0.161）	（0.136）	（0.103）
Lev	0.247*	0.283***	0.272*	0.250*
	（0.052）	（0.006）	（0.056）	（0.066）
Aud_tenure		0.091***	0.086***	0.093***
		（0.007）	（0.007）	（0.008）

续表

Variables	Gap_Days			
	（1）	（2）	（3）	（4）
Aud_fee		−0.039	−0.050	−0.052
		（0.630）	（0.528）	（0.491）
ShareholdConnect			−0.005	−0.006
			（0.941）	（0.931）
Dual			−0.069	−0.067
			（0.113）	（0.120）
Board			−0.005	−0.018
			（0.968）	（0.886）
Ind_Board			−0.038	−0.102
			（0.915）	（0.782）
Spv_Board			0.109	0.090
			（0.224）	（0.240）
Committee_N			0.118	0.115
			（0.170）	（0.183）
Industry Fixed	NO	NO	NO	YES
Constant	5.897***	6.135***	5.713***	6.010***
	（0.000）	（0.000）	（0.000）	（0.000）
N	277	277	277	277
adj. R^2	0.022	0.031	0.022	0.016

注：***、**、*分别表示在1%，5%和10%统计水平上显著，括号内的数据为经行业层面Cluster调整后的P值。

（2）分析师跟踪、审计委员会与解聘间隔

本书按照分析师跟踪数量对样本进行了分组，分别检验了公司审计委员会独立性与解聘公告时间间隔的关系，结果如表5-7所示。列（1）是分析师跟踪数量较少组，列（2）是分析师跟踪数量较多组，结果显示审计委员会独立性 Ind_AC 的系数仅在列（2）中显著为负，说明在分析师跟踪数量较多的组中，审计委员会的独立性越高，与解聘公告日的间隔日期越短，而这一关系在分析师跟踪数量较少的组中不显著。这说明在分析师跟踪数量较多的企业中，审计委员会独立性越高的公司，其解聘瑞华所的速度更快。

表5-7　　　　　　　　　　审计委员会独立性与解聘间隔

	Gap_Days	
	（1） 分析师跟踪数量较少组	（2） 分析师跟踪数量较多组
Ind_AC	−0.098	−0.605*
	(0.613)	(0.067)
ROA	−0.132	1.555***
	(0.747)	(0.000)
ROE	0.040	−1.123***
	(0.531)	(0.001)
Growth	−0.288***	0.185***
	(0.003)	(0.001)
Size	0.020	−0.108
	(0.660)	(0.145)
Lev	0.373**	−0.222
	(0.019)	(0.512)

续表

	Gap_Days	
	（1）	（2）
	分析师跟踪数量较少组	分析师跟踪数量较多组
Aud_tenure	0.122***	0.076
	（0.003）	（0.264）
Aud_fee	−0.098	0.144***
	（0.472）	（0.003）
ShareholdConnect	−0.019	0.031
	（0.841）	（0.304）
Dual	−0.081*	−0.029
	（0.058）	（0.358）
Board	−0.109	0.210
	（0.604）	（0.480）
Ind_Board	−0.034	0.308
	（0.905）	（0.650）
Spv_Board	0.148	0.100
	（0.415）	（0.273）
Committee_N	0.033	0.235***
	（0.611）	（0.003）
Industry Fixed	YES	YES
Constant	5.412***	4.204***
	（0.000）	（0.003）
N	164	113
adj. R^2	0.145	0.135

注：***、**、*分别表示在1%，5%和10%统计水平上显著，括号内的数据为经行业层面 Cluster 调整后的 P 值。

（3）产权性质、审计委员会与解聘间隔

本书按照公司产权性质进行了分组，重新检验了公司审计委员会独立性与解聘公告时间间隔的关系，结果如表5-8所示。列（1）是非国有企业组，列（2）是国有企业组，结果显示审计委员会独立性Ind_AC的系数仅在非国有企业组中显著为负，说明审计委员会独立性与解聘间隔日期负相关，即在非国有企业中，审计委员会的独立性越高，解聘公告日的间隔日期越短，而这一关系在国有企业样本组中不显著。这说明了审计委员会独立性对"污点"审计师的快速解聘的改善作用仅发生在非国有企业。在非国有企业中，审计委员会独立性越高的公司，其解聘瑞华所的速度更快。

表5-8　　　　　　　　审计委员会独立性与解聘间隔

	Gap_Days	
	（1）	（2）
	非国有企业	国有企业
Ind_AC	−0.187**	−0.806
	(0.037)	(0.102)
ROA	−0.146*	1.795
	(0.073)	(0.210)
ROE	−0.121***	−0.904***
	(0.005)	(0.008)
Growth	−0.117**	−0.117
	(0.012)	(0.383)
Size	−0.035	−0.013
	(0.178)	(0.929)
Lev	0.306***	−0.169
	(0.008)	(0.500)

续表

	Gap_Days	
	(1)	(2)
	非国有企业	国有企业
Aud_tenure	0.116***	−0.095
	(0.009)	(0.660)
Aud_fee	−0.059	−0.318
	(0.461)	(0.137)
ShareholdConnect	0.019	−0.449***
	(0.748)	(0.000)
Dual	−0.069***	0.201
	(0.007)	(0.732)
Board	−0.162	−0.049
	(0.313)	(0.888)
Ind_Board	−0.607	3.324***
	(0.103)	(0.005)
Spv_Board	−0.015	0.083
	(0.460)	(0.481)
Committee_N	0.127	0.066
	(0.158)	(0.793)
Industry Fixed	YES	YES
Constant	6.503***	9.126**
	(0.000)	(0.045)
N	246	31
adj. R^2	0.012	0.080

注：***、**、*分别表示在1%，5%和10%统计水平上显著，括号内的数据为经行业层面Cluster调整后的P值。

5.4.3　进一步分析

（1）审计委员会独立性、解聘及时性与市场反应

为了提供更加深入的证据，本章还进一步分析客户公司解聘瑞华所公告发布后的市场反应。因为解聘较早的客户公司能够向外部投资者释放其财务质量较高的信号，公司解聘公告的延迟可能会增加与财务报表提供的决策相关信息的不确定性，正如投资者对盈余公告延迟的担忧（Pawlewicz，2018），表现为更消极的市场反应。

本章选取（-5，5）为窗口期，选择事件日发生前第130天至第30天（$t \in [-130，-30]$）为估计窗口期，计算比较解聘公告发生日，瑞华所客户公司股票的累计异常收益CAR值。在剔除了解聘公告早于瑞华所被证监会立案调查日期的公告数据后，本章按照2019年11月14日（中位数）作为解聘样本分割日，按照发布解聘公告日期的早晚分为了两组，早于2019年11月14日发布解聘公告的公司为解聘公告较早组，反之为解聘较晚组；同时，按照审计委员会独立性的中位数进行分组，分为审计委员会独立性较高组和审计委员会较低组。

公司审计委员会独立性和解聘公告及时性的交叉分组市场反应如表5-9所示，发现当审计委员会独立性较高时，解聘速度的较快组和较慢组间差异不显著，但审计委员会独立性较低时，解聘速度越快的公司，公司市场反应更积极，且差异显著；当解聘速度较快时，审计委员会独立性高低间差异不显著，但当解聘速度较慢时，审计委员会独立性较高的公司，市场反应更积极，且差异显著。

表5-9表明在审计委员会独立性较低时，相对较晚解聘瑞华所的客户，较早解聘瑞华所的客户的市场反应更积极；在解聘速度较慢时，相对审计委员会独立性较低的客户，审计委员会独立性较高的客户市场反应更积极。

表5-9　　审计委员会独立性、解聘公告及时性和市场反应

CAR（%）		解聘速度		差异检验
		较快组	较慢组	
审计委员会独立性	较高组	0.69 (0.861)	1.65** (2.339)	−0.95 (0.883)
	较低组	0.54 (1.114)	−0.92* (1.768)	1.46** (2.051)
差异检验		0.15 (0.134)	2.57* (1.967)	

注：***、**、*分别表示在1%，5%和10%统计意义上显著，括号内的数值为经公司层面Cluster调整后的P值。

接着，为了检验瑞华客户审计委员会独立性、解聘速度与市场反应间的关系，本章设计了如下OLS回归模型（2）：

$$CAR_i=\beta_0+\beta_1 Ind\_AC_i+\beta_2 Early_i+\beta_3 Ind\_AC_i*Early_i+\beta_4 Controls_i+Ind_i+\varepsilon \qquad (2)$$

其中$Early_i$是哑变量，如果公司i发布的解聘公告较早，则取值为1，否则取值为0。其余变量定义见表5-4。

回归结果如表5-10所示，发现解聘速度（Early）的系数显著为正，说明解聘速度越快的公司其市场反应越积极，而$Ind\_AC*Early$的系数显著为负，该结果表明审计委员会独立性越低时，解聘速度与公司市场反应间的正向关系越显著。

表5-10　　审计委员会独立性、解聘公告及时性和市场反应

	CAR	
	(1)	(2)
Ind_AC	0.023* (0.075)	0.009 (0.141)
Early	0.041*** (0.000)	0.018** (0.012)

续表

	CAR	
	(1)	(2)
Ind_AC*Early	−0.045***	−0.017**
	(0.001)	(0.014)
ROA	−0.094*	−0.069
	(0.072)	(0.158)
ROE	0.046***	0.045***
	(0.001)	(0.000)
Growth	0.005	−0.000
	(0.792)	(0.998)
Size	−0.001	−0.001
	(0.458)	(0.834)
Lev	0.012	0.019
	(0.346)	(0.117)
Aud_tenure		−0.007
		(0.173)
Aud_fee		0.007**
		(0.034)
ShareholdConnect		0.003
		(0.580)
Dual		−0.000
		(0.965)
Board		−0.042
		(0.395)
Ind_Board		−0.050
		(0.515)
Spv_Board		0.008
		(0.269)

续表

	CAR	
	（1）	（2）
Committee_N		−0.010
		(0.279)
Industry Fixed	YES	YES
Constant	0.0001	0.047
	(0.958)	(0.730)
N	277	277
adj. R²	0.013	0.026

注：***、**、*分别表示在1%、5%和10%统计水平上显著，括号内的数据为经行业层面Cluster调整后的P值。

（2）审计委员会独立性、解聘间隔与继任审计师选择

本书还进一步分析了在不同解聘速度下，公司审计委员会独立性与继任审计师选择间的关系。当瑞华所的客户解聘瑞华所较慢时，相对于审计委员会独立性较低的公司，审计委员会独立性更高的公司更可能会选择声誉较好的审计师。因为声誉受损的审计师无法向投资者提供足够的保证，让他们相信公司的财务报告符合会计准则（Weber等，2008）。瑞华所被证监会立案调查的负面消息可能会被投资者解释为瑞华所一直在进行低质量审计的证据，这种消息会损害瑞华所的声誉，导致投资者质疑瑞华所客户已审计的财务报告的可靠性。在审计师声誉已然受损的前提下，瑞华所的客户公司对于替代所的选择也可能会有所区别，即选择一个与瑞华所声誉相当的事务所或是排名低于瑞华所的事务所。此时，选择雇用一个高声誉（与瑞华所相当甚至更高声誉）的继任审计师有助于管理层向投资者保证公司财务报表是可靠和准确的（Barton，2005），即使其2018年年报是由声誉受损的瑞华所审计的。而由于解聘较早的客户公司本就能释放其财务质量较高的信号，因此在解聘较晚的

客户公司中，审计委员会独立性较高的公司更可能会聘任"十大"所，因为大事务所的审计质量更高（DeAngelo，1981）。

本书首先统计了瑞华所被客户解聘后，客户选择的继任会计师事务所情况。表5-11是瑞华所客户选择的继任会计师事务所的数据统计，从表中可以看出，选择信永中和会计师事务所的公司最多，有51所，占比高达17%，解聘间隔天数平均为129天。其次是致同会计师事务所，有46家，解聘间隔天数平均为115天。

表5-11　　　　瑞华所客户选择的继任会计师事务所情况

后任名称	数量	占比（%）	间隔天数	后任名称	数量	占比（%）	间隔天数
信永中和	51	17.47	129	普华永道中天	4	1.37	83
致同	46	15.75	115	亚太（集团）	3	1.03	183
天健	29	9.93	131	安永华明	3	1.03	129
中审众环	24	8.22	139	永拓	3	1.03	160
大信	22	7.53	133	中审华	2	0.68	168
大华	19	6.51	137	北京兴华	2	0.68	99
容诚	18	6.16	142	希格玛	2	0.68	111
中汇	13	4.45	88	毕马威华振	2	0.68	105
立信	13	4.45	122	上会	1	0.34	103
中兴华	9	3.08	197	公证天业	1	0.34	115
中天运	6	2.05	136	利安达	1	0.34	130
天职国际	6	2.05	124	四川华信	1	0.34	151
中喜	5	1.71	114	天衡	1	0.34	36
中兴财光华	4	1.37	81	立信中联	1	0.34	109

考虑到客户解聘瑞华所的原因可能会存在差异，本书手工搜集了证监会披露的事务所变更原因公告。为了剔除因事务所合伙人跳槽导致公司换所的影响，本书剔除了66家瑞华所的客户公司在解聘公告

中明确表示由于原审计团队跳槽导致换所的数据样本，因为这部分样本换何种类型的事务所并非完全是由于审计委员会决策所致，剩余211个子样本，如表5-12所示。

表5-12　　　　　　　　瑞华所客户解聘瑞华所的原因

报备陈述变更原因	数量	占比（%）
上市公司经营与业务发展需要	111	38.01
原审计团队变更会计师事务所	66	22.6
前任事务所已连续服务多年	51	17.47
法定服务期限已满	12	4.11
上市公司审计工作需要	10	3.42
上市公司辞聘事务所	10	3.42
集团或控股股东要求更换事务所	9	3.08
根据国资委、财政部规定进行轮换	8	2.74
招投标	7	2.4
前任事务所接受立案调查或处罚	3	1.03
事务所决定不再承接	1	0.34
保持审计工作的独立性、客观性和公允性	1	0.34
受疫情影响	1	0.34
未报备具体原因	1	0.34
根据业务发展和审计工作的需要	1	0.34

为了检验在解聘速度快慢不同的组中，审计委员会独立性对瑞华所的客户继任会计师事务所选择的影响，本书设计了如下模型（3），按照解聘速度快慢进行分组，最后使用Probit回归进行估计：

$$Auditor\_Choice_i = \beta_0 + \beta_1 Ind\_AC_i + \beta_2 Controls_i + \varepsilon \tag{3}$$

其中Auditor_Choice$_i$是哑变量，参考（Defond等，1999）的做法，用"十大"和"非十大"会计师事务所区分大所和小所，如果公司i选择的继任会计师事务所是"十大"[①]则取值为1，否则取值为0。

---

① 按照2018年注册会计师协会发布的事务所收入排名，排名前十的则定义为"十大"。

其余变量定义同本章模型（1）。

参照前文解聘速度的分组，表5-13报告了不同解聘速度下，审计委员会独立性与继任审计师选择间的回归结果。如表5-12结果所示，审计委员会独立性（Ind_AC）的系数仅在列（2）解聘速度较慢的组中显著，审计委员会独立性（Ind_AC）的系数为1.254，在5%的水平上显著。说明在解聘速度较慢组中，审计委员会独立性越高，公司更倾向于选择"十大"作为继任者。在控制变量中，ROA与Size的系数均显著为正，董事长和总经理是否两职合一的系数显著为负，也与前人文献基本保持一致（杜兴强和谭雪，2016）。

表5-13　　审计委员会独立性、解聘间隔与继任审计师选择

Variables	Auditor_Choice	
	（1） 解聘速度较快	（2） 解聘速度较慢
Ind_AC	−0.795	1.254**
	(0.409)	(0.040)
ROA	1.112	4.244***
	(0.223)	(0.001)
ROE	1.130	−0.667
	(0.119)	(0.311)
Growth	0.332***	−0.187
	(0.001)	(0.521)
Size	0.376**	0.014
	(0.048)	(0.798)
Lev	−0.407	0.436
	(0.406)	(0.171)
Aud_tenure	−0.208**	−0.094
	(0.040)	(0.413)

续表

Variables	Auditor_Choice	
	(1) 解聘速度较快	(2) 解聘速度较慢
Aud_fee	−0.744**	0.137
	(0.036)	(0.588)
ShareholdConnect	0.112	−0.092
	(0.743)	(0.391)
Dual	−0.679***	−0.441**
	(0.000)	(0.035)
Board	−0.606	1.345**
	(0.536)	(0.045)
Ind_Board	−4.481	2.117
	(0.165)	(0.126)
Spv_Board	0.156	−0.681
	(0.777)	(0.290)
Committee_N	0.108	−0.449**
	(0.613)	(0.048)
Constant	5.179	−4.513
	(0.252)	(0.206)
N	103	108
Pseudo. R^2	0.042	0.067

注：***、**、*分别表示在1%，5%和10%统计水平上显著，括号内的数据为经行业层面 Cluster 调整后的 P 值。

5.5 小结

审计委员会是公司聘用审计师的决策机构，其独立性能否产生治理效应？在一次广为人知的审计失败后，年收入超过28亿，注册会计师超过2 200人的国内第二大所——瑞华所的声誉受到极大损失，并在随后的数月被客户大量解聘。本章利用瑞华所被调查事件，考察客户解聘瑞华所的时机和继任会计师的选择，研究审计委员会独立性对公司审计师选择的影响。

利用2018年瑞华所审计的311家上市公司样本数据，本章研究发现：审计师声誉受损后，上市公司审计委员会独立性与其发布解聘公告间隔天数呈负相关，即审计委员会独立性越高，其解聘瑞华所的速度越快，在控制了公司特征、审计师特征和公司内部治理特征后，该结果依然稳健；在民营企业和分析师跟踪数量较多的样本中，这种现象更加明显。同时相对较晚解聘瑞华所的客户，解聘速度更快的公司市场反应更积极，且审计委员会独立性越低时，解聘速度与公司市场反应间的正向关系越显著。此外，当客户解聘瑞华所的速度较慢时，审计委员会独立性越高的公司更倾向于选择"十大"会计师事务所作为继任审计师。本章结论证明，公司审计委员会独立性在事务所选择上发挥了积极的治理效应，拓展了国内有关审计委员会独立性与审计师选择的相关文献，同时也为证监会、上市公司、会计师事务所的实践提供理论依据，为证监会监管的非预期效应提供了微观企业的证据。

根据本章的结论，我们提出以下建议。第一，对上市公司而言，提高审计委员会的独立性，有助于提高审计委员会治理效力，建立和维护公司自身财务报告可信度；第二，证监会应当继续加强对上市公司财务造假和欺诈行为的监管，强化会计师事务所的审计责任，维护投资者利益；第三，作为财务报告的信息中介，会计师事务所应当受到警示，在执业过程中避免与客户单位共谋，尽职尽责地执行审计程序，公允出具审计报告。

6

财务重述的检测概率推导

6.1 引言

近年来，财务造假案频现，2019年康得新公司的重大财务造假事件深深动摇了民众对于上市公司财务质量的信心。作为曾经的"中国版3M公司"和"千亿市值白马股"，康得新在没有任何预兆的情况下，伪造其财务报表，财务造假涉及金额超百亿元，其审计单位瑞华会计师事务所（以下简称"瑞华所"）在此案中是否有中饱私囊的行为？更重要的是，这一财务造假案例是否只是冰山一角？

Jensen和Meckling（1976）提出的代理成本理论中提及，为了个人利益，拥有相对较少股份的经理可能会从事财务欺诈，即使从公司的角度来看，欺诈的成本超过了其收益。完善的监管机制能够为低质量财务报告企业设定较高的违法成本，有助于提高公司财务报告质量，如谢德仁（2011）发现资本市场监管规则能够遏制上市公司盈余管理。本章利用2019年瑞华所被调查导致客户大量转所的自然实验来估计财务欺诈被检测发现的可能性，并进一步估计证监会监管的成本及收益。

本章借鉴审计风险模型，利用瑞华所被立案所创造的独特环境来推导检测可能性的上限。本章的估计代表了检测可能性的上限，这一上限的准确程度取决于瑞华所的前任客户转所后增加的审查导致所有欺诈行为被揭露的可能性。2019年，在瑞华所被证监会立案后，瑞华所的前任客户纷纷转所，转所期间瑞华所的前任客户会受到大幅增加的审查，成为媒体、投资者和监管者关注的焦点。由于康得新造假和瑞华所被调查，人们对瑞华所的前任客户产生了极大的怀疑。因此，新的审计人员、投资者、分析师、监管机构等相关人员将有强烈的动机对瑞华所的前任客户进行关注和调查。按照本章的推导，只有约三分之二的公司欺诈被发现。欺诈实际上就像一座冰山，隐藏着大量未被发现的欺诈行为。

本章有以下三方面的贡献：首先，上市公司财务质量一直以来都是投资者做出投资决策的重要参考依据，本章通过概率模型估算出资本市场财务重述被发现的概率，丰富了上市公司财务质量的相关研究。其次，已有文献往往从财务重述的前置因素或者财务重述的经济后果角度探讨财务重述行为，但对财务重述实际被检测发现的概率却少有关注，本章通过财务重述检测概率模型，利用瑞华所被证监会立案事件，推导了实际财务重述检测概率，有助于对现有研究进行补充，打开财务重述披露的黑箱。最后，本章有助于评估市场监管所带来的收益，通过分析监管增加的合规成本和收益，为证监会以及其他监管机构制定监管规则、开展审查工作提供了理论依据和数据参考。

6.2　模型推导和理论分析

财务重述是指上市公司发布公告对以前年度财务报告进行改正的行为。当监管机构发现一家公司的季度或年度财务报告中有错误时，就会要求这些报告重新编制并"重述"。财务重述的发生意味着公司会计信息质量不高，会导致投资者对上市公司财务报表的信任度降低。Kinney和Mcdaniel（1989）的研究发现，在重述发生时，公司股价会出现显著的负面反应。

资本市场上市公司披露的财务重述是公司参与财务欺诈和被检查发现的联合事件反映出的结果，就如审计质量是审计师发现并报告企业财务报告舞弊的联合概率（De Angelo，1981）。参照新审计风险模型（张龙平、聂曼曼，2005）（审计风险=重大错报风险×检查风险），本章推断未被发现的欺诈可以使用一个基本的概率模型进行识别，重述风险模型（1）如下：

$$Pro（重述）=Pro（检查）×Pro（固有）\qquad(1)$$

模型中Pro（重述）代表上市公司财务重述的概率，Pro（检查）代表检查人员发现财务欺诈的概率，Pro（固有）代表不论是否被发现，上市公司进行财务欺诈的概率。

公司从事欺诈的无条件概率Pro（固有）可以换算为：

$$Pro（固有）=Pro（重述）/Pro（检查）\qquad(2)$$

假设上市公司所有的财务欺诈都能被检查发现，即Pro（检查）=100%，那么由公式（1）可以推导得出公式（3），即上市公司从事财务欺诈的概率等于观察到的财务重述的概率，如下所示：

$$Pro（重述）=Pro（固有）\qquad(3)$$

利用瑞华所被证监会立案调查后，绝大多数客户进行转所这一事件。本章假设转所后客户的Pro（检查）=100%，即瑞华所的前任客户在转所后，由于受到大幅度增加的审查，其财务欺诈被发现的概率接近100%，本章将对这种"百分百检测"的情况下推导的财务重述概率和在正常情况下的财务重述概率进行比较，推导出正常的检测率Pro（检查）（实际检查发现的概率必然小于100%，故本书计算的是一个检测率的上限）。

利用瑞华所被调查事件推断财务重述检测率的实验设计如下：

（1）瑞华所样本和非瑞华所样本重述概率分析

瑞华所审计的康得新公司因财务造假被证监会处罚而导致退市，瑞华所审计的其他客户是否也同样存在重大财务欺诈问题？2019年7月28日，瑞华所发布了关于康得新公司审计工作的公告说明，称其在审计工作中尽职尽责。截至2020年年底，证监会也未给出对瑞华所确切的定罪和处罚。因此笔者初步推断，就客户财务重述而言，瑞华所和其他审计所并无差异。与之相似的，美国安达信事务所的崩塌主要归因于安达信事务所对安然公司的审计失败，但事后的文献表明，安达信和其他审计师在审计的严格性上并没有区别。Agrawal 和 Chadha（2005）发现聘请安达信审计与财务重述的概率无关。在控制了客户规模、地区、时间和行业后，Eisenberg 和 Macey（2004）也发现，安达信客户的表现并不比其他审计所的客户好或差。

因此，本章提出第一个假设，瑞华所客户和非瑞华所客户在从事财务欺诈的概率上并无显著性差异。

H1：Pro（固有|瑞华）= Pro（固有|非瑞华）

有关财务重述公司特征的文献一般认为公司规模、负债和成长性与公司财务重述具有相关性。本章根据瑞华所 2018 年的客户名单，比较了瑞华所客户和非瑞华所客户在瑞华所被调查前 3 年的公司特征及行业分布（证监会行业分类 2012 版）。[①]本章使用了两类定义来识别非瑞华所客户：其他非瑞华所的客户和排除了瑞华所的国内四大会计师事务所的客户，后者是前者的子集。如表 6-1 Panel A 所示，瑞华所客户在总资产（Assets）、销售收入（Sales）和息税前利润（EBITDA）方面与其他所客户或是国内四大所客户并无显著性差异。在杠杆率（Leverage）方面，瑞华所客户显著高于国内四大所客户，略高于非瑞华所客户但二者并无显著性差异。杠杆率的差异表明瑞华所客户和其他所客户的行业构成存在差异，如表 6-1 Panel B 所示。例如与国内四大所相比，瑞华所采矿业和文化、体育和娱乐业的客户占比高 2~3 个百分点，而批发和零售业以及交通运输、仓储和邮政业的客户占比低 2 个百分点左右。

---

① 本书剔除了 B 股和 ST 股公司。

表6-1　　　　瑞华所客户和非瑞华所客户（2016—2018年）

Panel A：公司特征

Variables	瑞华所客户 N=779		非瑞华所客户 N=7 941				国内四大（不含瑞华）所客户 N=4 551			
	Mean	Median	Mean	t-value	Median	Chi2	Mean	t-value	Median	Chi2
Assets	147.000	43.66	186.500	1.245	43.35	0.035	126.000	−1.413	41.18	1.123
Sales	70.430	19.85	111.200	1.544	20.61	0.622	62.700	−1.203	19.63	0.039
EBITDA	7.824	2.702	12.250	1.513	2.489	2.854[*]	6.901	−1.333	2.371	6.916[***]
Leverage	0.186	0.136	0.180	−0.855	0.126	2.37	0.174	−2.033[**]	0.118	6.510[**]

Panel B：行业分布

行业	瑞华所客户	非瑞华客户	国内四大（不含瑞华）所客户
农、林、牧、渔业	2.31%	1.27%	1.12%
采矿业	4.62%	2.12%	1.69%
制造业	63.41%	63.93%	65.17%
电力、热力、燃气及水生产和供应业	3.34%	3.41%	3.25%
建筑业	3.08%	2.91%	2.37%
批发和零售业	3.47%	5.30%	5.12%
交通运输、仓储和邮政业	1.16%	3.19%	3.14%
住宿和餐饮业	0.00%	0.13%	0.13%
信息传输、软件和信息技术服务业	7.19%	7.27%	7.89%
金融业	0.00%	0.40%	0.42%
房地产业	3.98%	4.05%	3.45%
租赁和商务服务业	1.67%	1.45%	1.54%
科学研究和技术服务业	0.90%	1.10%	1.21%
水利、环境和公共设施管理业	0.77%	1.31%	1.47%
文化、体育和娱乐业	3.34%	1.45%	1.25%
综合	0.77%	0.72%	0.77%
合计	100%	100%	100%

是否瑞华所的客户更容易进行财务欺诈？在表6-2中，我们对此问题进行了检验。

（2）瑞华所客户和非瑞华所客户的会计信息质量对比

第一，采用Dechow等（1995）提出的修正Jones模型计算公司会计信息质量。修正Jones模型能较好地估计公司盈余管理程度，修正Jones模型如下：

$$\frac{TACC_{i,\,t}}{TAsset_{i,\,t-1}} = \alpha_1 * \frac{1}{TAsset_{i,\,t-1}} + \alpha_2 * \frac{\Delta REV_{i,\,t} - \Delta REC_{i,\,t}}{TAsset_{i,\,t-1}} + \alpha_3 * \frac{P_{i,\,t}}{TAsset_{i,\,t-1}} + \varepsilon_{i,\,t}$$

$$(4)$$

其中：$TACC_{i,\,t}$ 是 i 公司第 t 年营业利润与经营净现金流量之差；$\Delta REV_{i,\,t}$ 表示 i 公司第 t-1 年与第 t 年销售收入的差额；$\Delta REC_{i,\,t}$ 表示 i 公司第 t-1 年与第 t 年应收账款差额；$P_{i,\,t}$ 表示 i 公司第 t 年固定资产原值；$TAsset_{i,\,t-1}$ 表示 i 公司第 t-1 年末总资产原值；$\varepsilon_{i,\,t}$ 是 i 公司第 t 年模型的回归残差，代表各公司总应计利润中的可操纵性应计利润部分。为了方便比较，本章将模型（4）残差的绝对值定义为AQ_MJ，该数值越大，代表可操纵性应计利润越大，意味着公司会计信息质量越低。

表6-2 Panel A展示了采用修正Jones模型计算的2016—2018年瑞华所客户和非瑞华所客户的会计信息质量对比以及瑞华所客户和国内四大所客户的会计信息质量对比。在瑞华所被证监会启动调查前的2016—2018年期间，瑞华所客户的可操纵性应计利润AQ_MJ（修正Jones）为0.059，显著低于非瑞华所客户的可操纵性应计利润AQ_MJ=0.070，差异0.012，在5%的水平上显著；同时瑞华所客户的可操纵性应计利润AQ_MJ=0.059也显著低于国内四大所客户的可操纵性应计利润AQ_MJ=0.072，差异0.013，在5%的水平上显著。这说明在2016—2018年，采用修正Jones模型计算的瑞华所客户的会计信息质

量显著高于非瑞华所客户和国内四大所客户。

第二，采用业绩调整的修正 Jones 模型。Kothari 等（2005）对修正 Jones 模型进行改进，在修正 Jones 模型中加入总资产收益率 ROA，得到业绩调整后的修正 Jones 模型。该模型如下：

$$\frac{\text{TACC}_{i,\ t}}{\text{Asset}_{i,\ t-1}} = \alpha_1 \frac{1}{\text{Asset}_{i,\ t-1}} + \alpha_2 \frac{\Delta \text{REV}_{i,\ t} - \Delta \text{REC}_{i,\ t}}{\text{Asset}_{i,\ t-1}} + \alpha_3 \frac{P_{i,\ t}}{\text{Asset}_{i,\ t-1}} + \alpha_3 \text{ROA}_{i,\ t} + \varepsilon_{i,\ t}$$

(5)

参照模型（4），本书同样将可操纵性应计利润取绝对值后的数据，定义为 AQ_K，AQ_K 越大，代表可操纵性应计利润越高，会计信息质量越差。

表 6-2 Panel B 展示了采用业绩调整的修正 Jones 模型计算的 2016—2018 年瑞华所客户和非瑞华所客户的会计信息质量对比以及瑞华所客户和国内四大所客户的会计信息质量对比。在瑞华所被证监会启动调查前的 2016—2018 年期间，瑞华所客户的可操纵性应计利润 AQ_K 值（Kothari 模型）为 0.039，显著低于非瑞华所客户的可操纵性应计利润 AQ_K=0.044，差异 0.005，在 5% 的水平上显著；同时瑞华所客户的可操纵性应计利润 AQ_K=0.044 也显著低于国内四大所客户可操纵性应计利润 AQ_K=0.045，差异 0.006，在 5% 的水平上显著。这说明在 2016 年至 2018 年，采用业绩调整的修正 Jones 模型计算的瑞华所客户的会计信息质量显著高于非瑞华所客户和国内四大所客户。

第三，采用 Dechow and Dichev（2002）模型计算残差标准差来衡量会计稳健性，该模型如下：

$$\text{WCA}_t = \beta_0 + \beta_1 \text{CFO}_{t-1} + \beta_2 \text{CFO}_t + \beta_3 \text{CFO}_{t+1} + \beta_4 \text{ABNRET}_t + \beta_5 \text{DABNRET}_t + \beta_6 \text{ABNRET}_t \times \text{DABNRET}_t + \varepsilon$$

(6)

WCA_t 等于 t 期公司扣除非经常性项目前的净收入加上折旧及

摊销减去经营活动现金流之后除以 t-1 年和 t 年总资产的均值；CFO 等于经营活动现金流除以 t-1 年和 t 年总资产的均值；ABNRET 是买入并持有的股票收益率减去同期加权市场回报率的数值；DABNRET 是虚拟变量，当 ABNRET 小于 0 时，取值为 1，否则取值为 0。在会计稳健性原则下，盈余和现金流对于损失和收入的敏感性不一致。与会计稳健性原则一致，这个方程允许应计项目随公司的经营情况的好坏而有差异。文章使用了证监会 2012 年行业代码估计方程（6）。AQ_DD 为此前第 3 年至第 5 年方程残差的标准差取绝对值，数值越大表明可操纵性应计利润越大，公司会计信息质量越低。

表 6-2 Panel C 展示了采用 Dechow and Dichev（2002）模型计算的 2016—2018 年瑞华所客户和非瑞华所客户的会计稳健性对比以及瑞华所客户和国内四大所客户的会计稳健性对比。在瑞华所被证监会启动调查前的 2016—2018 年，瑞华所客户的会计稳健性 AQ_DD 值（DD 模型）为 0.095，与非瑞华所客户的会计稳健性 AQ_DD=0.103 和国内四大所客户的会计稳健性 AQ_DD=0.106 并无显著差异。

表 6-2　　　　　**瑞华所客户和其他所客户的会计信息质量**

Panel A：修正 Jones 模型

年份	AQ_MJ（修正 Jones 模型）						
	瑞华所客户	非瑞华所客户	差异	t值	国内四大所客户	差异	t值
2016-2018	0.059 (N=779)	0.070 (N=7, 941)	0.012	2.299**	0.072（N=4, 551）	0.013	2.111**

Panel B：业绩调整的 Jones 模型

年份	AQ_K（Kothari模型）						
	瑞华所客户	非瑞华所客户	差异	t值	国内四大所客户	差异	t值
2016-2018	0.039（N=737）	0.044（N=7，487）	0.005	2.500**	0.045（N=4，302）	0.006	2.523**

Panel C：DD 模型（Dechow and Dichev，2002）

年份	AQ_DD（DD模型）						
	瑞华所客户	非瑞华所客户	差异	t值	国内四大所客户	差异	t值
2016-2018	0.095（N=506）	0.103（N=5，140）	0.008	0.723	0.106（N=2，896）	0.015	1.308

注：***、**和*分别代表在1%、5%和10%水平上显著。国内四大所是指排除瑞华所和国际四大后，排名前4的本土会计师事务所。

本章接着使用OLS模型对瑞华所客户的公司会计信息质量进行了回归分析，回归模型如下：

$$AQ_{i,t} = \beta_0 + \beta_1 Ruihua_i + \beta_2 Controls_i + \varepsilon \qquad (7)$$

AQ 是指公司的会计信息质量，主要采取了三种方式计算：①修正 Jones 模型；②业绩调整的修正 Jones 模型；③DD 模型。Ruihua 则是定义客户是否属于瑞华所的虚拟变量，如在瑞华所和其他所的比较中，属于瑞华所则定义为1，反之为0，在瑞华所和国内四大所客户的比较中，同样属于瑞华所客户则定义为1，反之为0。回归还控制了常见的公司变量，并控制了年度及行业固定效应。

表6-3 Panel A 展示了采用修正Jones模型计算的2016—2018年瑞

华所客户和非瑞华所客户的会计信息质量分组回归结果以及瑞华所客户和国内四大所客户的会计信息质量分组回归结果。如表6-3 Panel A所示,列(1)和列(3)仅控制了常见的公司特征变量,没有控制年度和行业固定效应;列(2)和列(4)则控制了常见的公司特征变量,并控制了年度及行业固定效应。在所有的结果中,瑞华所的Ruihua系数都是负数,且不显著,该结果表明,瑞华所客户的会计信息质量并不显著异于非瑞华所客户和国内四大所客户。

表6-3 Panel B展示了采用业绩调整的修正Jones模型计算的2016—2018年瑞华所客户和非瑞华所客户的会计信息质量分组回归结果以及瑞华所客户和国内四大所客户的会计信息质量分组回归结果。如表6-3 Panel B所示,列(1)和列(3)仅控制了常见的公司特征变量,没有控制年度和行业固定效应;列(2)和列(4)则控制了常见的公司特征变量,并控制了年度及行业固定效应。在所有回归中,Ruihua系数均为负,且列(2)和列(4)在控制了年度和行业固定效应后,系数仍在5%的水平上显著。该结果表明,瑞华所客户采用业绩调整的修正Jones模型计算得出的会计信息质量均显著高于非瑞华所客户和国内四大所客户。

表6-3 Panel C展示了采用DD模型计算的2016—2018年瑞华所客户和非瑞华所客户的会计稳健性分组回归结果以及瑞华所客户和国内四大所客户的会计稳健性分组回归结果。如表6-3 Panel C所示,列(1)和列(3)仅控制了常见的公司特征变量,没有控制年度和行业固定效应;列(2)和列(4)则控制了常见的公司特征变量,并控制了年度及行业固定效应。在所有的结果中,瑞华所的Ruihua系数都是负数,且不显著。该结果表明,瑞华所客户的会计稳健性并不显著异于非瑞华所客户和国内四大所客户。

表6-3 瑞华所客户和其他所客户的会计信息质量（2016—2018年）

Panel A：修正 Jones 模型

Variables	AQ_MJ（修正 Jones 模型）			
	瑞华所和非瑞华所客户		瑞华所和国内四大所客户	
	(1)	(2)	(3)	(4)
Ruihua	−0.002	−0.002	−0.002	−0.003
	(0.538)	(0.607)	(0.592)	(0.440)
Assets	−0.000	−0.000***	0.000*	−0.000
	(0.939)	(0.009)	(0.099)	(0.196)
Sales	−0.000	0.000	−0.000	0.000
	(0.484)	(0.826)	(0.312)	(0.986)
EBITDA	0.000	0.000	−0.000**	−0.000
	(0.916)	(0.181)	(0.012)	(0.253)
leverage	−0.025***	−0.030***	−0.024***	−0.034***
	(0.000)	(0.000)	(0.004)	(0.000)
Year	NO	YES	NO	YES
Industry	NO	YES	NO	YES
_cons	0.065***	0.057***	0.066***	0.063***
	(0.000)	(0.000)	(0.000)	(0.003)
N	8 720	8 720	5 375	5 375
adj. R^2	0.003	0.057	0.005	0.070

Panel B：业绩调整的Jones模型

Variables	AQ_K（Kothari模型）			
	瑞华所和非瑞华所客户		瑞华所和国内四大所客户	
	（1）	（2）	（3）	（4）
Ruihua	−0.005**	−0.006***	−0.006**	−0.006**
	(0.013)	(0.008)	(0.015)	(0.015)
Assets	−0.000***	−0.000***	0.000	0.000
	(0.000)	(0.003)	(0.650)	(0.457)
Sales	−0.000	−0.000	−0.000*	−0.000**
	(0.758)	(0.734)	(0.069)	(0.010)
EBITDA	0.000	0.000	−0.000	−0.000
	(0.173)	(0.265)	(0.226)	(0.254)
leverage	−0.018***	−0.011***	−0.019***	−0.012**
	(0.000)	(0.008)	(0.000)	(0.016)
Year	NO	YES	NO	YES
Industry	NO	YES	NO	YES
_cons	0.048***	0.046***	0.050***	0.047***
	(0.000)	(0.000)	(0.000)	(0.000)
N	8 224	8 224	5 018	5 018
adj. R²	0.006	0.057	0.009	0.057

Panel C：DD模型

Variables	AQ_DD（DD模型）			
	瑞华所和非瑞华所客户		瑞华所和国内四大所客户	
	（1）	（2）	（3）	（4）
Ruihua	−0.008	−0.004	−0.014	−0.009
	(0.384)	(0.678)	(0.150)	(0.338)
Assets	0.000	0.000	0.000	−0.000
	(0.538)	(0.886)	(0.710)	(0.890)
Sales	0.000	−0.000	0.000*	0.000
	(0.325)	(0.955)	(0.097)	(0.659)
EBITDA	−0.000**	−0.000	−0.001***	−0.000
	(0.029)	(0.423)	(0.003)	(0.114)
leverage	−0.030	−0.008	−0.052***	−0.034*
	(0.129)	(0.716)	(0.001)	(0.076)
Year	NO	YES	NO	YES
Industry	NO	YES	NO	YES
_cons	0.109***	0.104***	0.113***	0.110***
	(0.000)	(0.000)	(0.000)	(0.000)
N	5 646	5 646	3 382	3 382
adj. R²	0.001	0.045	0.006	0.064

注：***、**和*分别代表在1%、5%和10%水平上显著。国内四大所是指排除瑞华所和国际四大后，排名前4的本土会计师事务所。

最后，本章使用Probit模型对瑞华所客户和非瑞华所客户以及国内四大所客户在财务重述概率上是否有差别进行了检验，回归模型如下：

$$Restatement_{i,t} = \beta_0 + \beta_1 Ruihua_i + \beta_2 Controls_i + \varepsilon \qquad (8)$$

Restatement 是定义公司在 t 年有无财务重述的虚拟变量，如有则定义为 1，反之为 0；Ruihua 则是定义客户是否属于瑞华所的虚拟变量，如在瑞华所和其他所的比较中，属于瑞华所客户则定义为 1，反之为 0；在瑞华所和国内四大所客户的比较中，同样属于瑞华所客户则定义为 1，反之为 0。回归还控制了常见的公司特征变量，并控制了年度及行业固定效应。

表 6-4 展示了瑞华所客户和非瑞华所客户以及国内四大所客户在财务重述概率上是否有差别的回归结果，列（1）和列（3）仅控制了常见的公司特征变量，没有控制年度和行业固定效应；列（2）和列（4）则控制了常见的公司特征变量，并控制了年度及行业固定效应。在回归中，列（1）和列（2）是瑞华所和非瑞华所在财务重述概率上的回归结果，Ruihua 系数均显著为负，列（2）在 5% 的水平上显著，该结果说明瑞华所客户的财务重述概率显著低于其他所客户；列（3）和列（4）则是瑞华所和国内四大所客户的财务重述概率的回归结果，Ruihua 系数为负，但均不显著，说明在财务重述概率上，瑞华所客户和国内四大所客户并无显著差异。

表 6-4　　瑞华所客户和其他所客户的财务重述概率（2016—2018 年）

Variables	Restatement			
	瑞华所和非瑞华所客户		瑞华所和国内四大所客户	
	（1）	（2）	（3）	（4）
Ruihua	−0.126*	−0.155**	−0.079	−0.119
	（0.062）	（0.041）	（0.282）	（0.135）
Assets	0.000	0.000	−0.000	0.000
	（0.527）	（0.404）	（0.770）	（0.457）

续表

Variables	Restatement			
	瑞华所和非瑞华所客户		瑞华所和国内四大所客户	
	（1）	（2）	（3）	（4）
Sales	0.000*	−0.000	0.000	0.000
	（0.093）	（0.891）	（0.231）	（0.409）
EBITDA	−0.007***	−0.007***	−0.006**	−0.010***
	（0.001）	（0.002）	（0.015）	（0.006）
leverage	−0.045	0.204	0.103	0.311*
	（0.661）	（0.118）	（0.464）	（0.069）
Year	NO	YES	NO	YES
Industry	NO	YES	NO	YES
_cons	−0.994***	−2.412***	−1.061***	−2.529***
	（0.000）	（0.000）	（0.000）	（0.000）
N	8 720	8 720	4 622	4 622
adj. R^2	0.001	0.045	0.006	0.064

注：***、**和*分别代表在1%、5%和10%水平上显著。国内四大所是指排除瑞华所和国际四大后，排名前4的本土会计师事务所。

（3）检测概率推导

本章使用瑞华所的突然立案调查作为外生实验，在这种情况下，财务欺诈被发现的可能性接近100%。2019年7月25日，由于康得新公司财务造假，对瑞华所的指控开始出现。2019年7月28日，瑞华所因康得新审计过程中未履行勤勉尽责的义务被证监会立案调查，同期瑞华所负责的IPO和债券项目均被"中止"或"终止"。此后，瑞华所的绝大多数客户更换了其年报审计师。新会计师事务所不想因为接收了瑞华所的前任客户而面临诉讼风险或声誉风险，所以新审计师有强烈的"清理"动机，去揭示任何潜在的误导性财务报告，包括错误甚至是激进的财务报告。Chen 和 Zhou（2007）发现安达信事件后，新的审计师是增加审查的一个来源。使用瑞华所被调查作为实验可以更好地分辨因果关系，即是由于瑞华所被调查导致其客户的欺诈被揭露，而不是客户的欺诈导致被调查。

此外，在瑞华所被调查后，瑞华所的客户不仅要接受新审计师的严格审查，还要受到投资者、分析师、媒体甚至监管机构等的关注和审查，例如安达信客户在安然丑闻之后接受了来自美国证券交易委员会的强化审查（Paul and Kirk，2002）。也有学者发现媒体报道对中国上市公司财务重述行为具有监督治理效力。这意味着Pro（检查I瑞华客户）>Pro（检查I其他客户），虽然本章无法直接检验这个不等式，但正如表表6-5所示，本章发现瑞华所被调查时，瑞华所的客户累计异常收益率下跌了0.44%，与这一假设是一致的。

表6-5　　调查事件发生后瑞华所的客户累计异常收益平均值

事件窗口	CAR 均值（%）	负值/正值	t值
（-1，0）	-0.44	203/108	-2.2568**
0	-0.35	206/105	-2.4129**

注：***、**和*分别代表在1%、5%和10%水平上显著。

基于上述分析，本章提出的第二个识别假设是，在瑞华所的前任客户转所后，其财务欺诈被发现的概率大幅增加，达到100%，即：

H2：Pro（检查I瑞华客户）=100%

当然，本章的假设2是偏理想化的，在实际情况下，由于信息的不对称，即使是付出了更多的努力，新审计师可能也无法发现所有的欺诈行为，即 Pro（检查I瑞华客户）<1。因此，本章的估计可能代表的是检测概率的上限。

考虑到可能有客户更换了会计师事务所，但没有更换审计师。这种情况下，客户公司的前业务合作伙伴转到了另一家会计师事务所，将该客户公司带到了新的事务所，这种持续的关系可能会降低新事务所检测的意愿。如表6-6所示，根据注册会计师协会公布的事务所变更公告，瑞华所的客户审计师变更中有22.6%的客户表示是由于原审计团队变更会计师事务所。但即使审计团队保持不变，新的会计师事务所也会进行额外的筛选和控制，新增的审查依然存在，如有研究发现，在我国会计师事务所发生合并后，审计收费会显著提高（李明辉等，2012），审计质量显著提升（曾亚敏、张俊生，2010）。因此，即使是换所不换师，瑞华所前客户依然会面临严格的审查，以降低其可能带来的审计风险。

表6-6   瑞华所客户解聘瑞华所的原因

报备陈述变更原因	数量	占比（%）
上市公司经营与业务发展需要	111	38.01
原审计团队变更会计师事务所	66	22.6
前任事务所已连续服务多年	51	17.47
法定服务期限已满	12	4.11
上市公司审计工作需要	10	3.42
上市公司辞聘事务所	10	3.42
集团或控股股东要求更换事务所	9	3.08
根据国资委、财政部规定进行轮换	8	2.74
招投标	7	2.4
前任事务所接受立案调查或处罚	3	1.03
事务所决定不再承接	1	0.34
保持审计工作的独立性、客观性和公允性	1	0.34
受疫情影响	1	0.34
未报备具体原因	1	0.34
根据业务发展和审计工作的需要	1	0.34

6.3 财务重述概率分析和实际检测概率推断

6.3.1 瑞华所和其他所客户的财务重述概率分析

本章首先比较了2016—2018年瑞华所和其他所客户发生财务重述[①]的概率。如表6-7 Panel A所示，在2016—2018年，瑞华所客户发生财务重述的概率为1.86%，同期非瑞华所客户发生财务重述的概率为2.44%，前者比后者发生财务重述的概率低0.58%；国内四大所客户发生财务重述的概率为1.28%，瑞华所客户比国内四大所客户发生财务重述的概率高0.58%。如表6-7 Panel B所示，2019年，瑞华所客户转所后，其财务重述概率出现大幅度提升，达到3.77%，增长幅度超过100%；同期非瑞华所客户和国内四大所客户的财务重述概率均出现了一定幅度的提升，分别提升2.99%和2.25%。

表6-7 财务重述概率比较

Panel A：2016—2018年财务重述概率比较

年份	Restatement						
	瑞华所客户	非瑞华所客户	差异	t值	国内四大所客户	差异	t值
2016-2018	1.86% （N=779）	2.44% （N=7,941）	0.58	1.118	1.28% （N=4,542）	-0.58	1.120

Panel B：2019年财务重述概率比较

[①] 本书所指的财务重述剔除了因会计政策或会计估计变更导致的财务重述。

年份	Restatement						
	瑞华所客户	非瑞华所客户	差异	t值	国内四大所客户	差异	t值
2019	3.77%（N=292）	2.99%（N=3，014）	0.78%	0.740	2.25%（N=1，731）	1.51%	1.542

注：***、**和*分别代表在1%、5%和10%水平上显著。国内四大所是指排除瑞华所和国际四大后，排名前4的本土会计师事务所。

6.3.2 检测概率推导

基于前文推论，本章首先提出以下联立方程：

$$Pro_{瑞华}(重述) = Pro_{瑞华}(检查) \times Pro_{瑞华}(固有) \tag{1}$$

$$Pro_{瑞华}(固有) = \frac{Pro_{瑞华}(重述)}{Pro_{瑞华}(检查)} \tag{2}$$

$$Pro_{非瑞华}(重述) = Pro_{非瑞华}(检查) \times Pro_{非瑞华}(固有) \tag{3}$$

$$Pro_{非瑞华}(固有) = \frac{Pro_{非瑞华}(重述)}{Pro_{非瑞华}(检查)} \tag{4}$$

同时根据前文H1：

$$Pro_{瑞华}(固有) = Pro_{非瑞华}(固有) \tag{5}$$

将方程（5）代入方程组（2）和（4）中得到方程（6）

$$\frac{Pro_{瑞华}(重述)}{Pro_{瑞华}(检查)} = \frac{Pro_{非瑞华}(重述)}{Pro_{非瑞华}(检查)} \tag{6}$$

变化形式，得到非瑞华所检测概率方程（7）：

$$Pro_{非瑞华}(检查) = \frac{Pro_{非瑞华}(重述)}{Pro_{瑞华}(重述)} * Pro_{瑞华}(检查) \tag{7}$$

基于H2中提出的方程（8）：

$$Pro_{瑞华}(检查) = 100\% \tag{8}$$

最终得到检测概率方程（9）：

$$\text{Pro}_{\text{非瑞华}}\big(\text{检查}\big) = \frac{\text{Pro}_{\text{非瑞华}}\big(\text{重述}\big)}{\text{Pro}_{\text{瑞华}}\big(\text{重述}\big)} \tag{9}$$

　　将2019年瑞华所前任客户的财务重述概率和非瑞华所客户（包括非瑞华客户和国内四大所客户）的财务重述概率代入方程（9）中，最终我们可以分别计算出检测概率约为60%和79%，计算方法如下：

$$\text{Pro}_{\text{非瑞华}}\big(\text{检查}\big) = \frac{2.99\%}{3.77\%} = 79.31\%$$

$$\text{Pro}_{\text{非瑞华的国内四大所}}\big(\text{检查}\big) = \frac{2.25\%}{3.77\%} = 59.68\%$$

　　本章得出实际财务重述检测的概率为60%到79%，平均值约为70%。因为本章的假设2是偏于理想化的，实际检测概率可能更低。按照本章估计的检测概率推断，每年实际仍有30%的财务舞弊未被发现和披露。也就是说每100起财务舞弊中平均有60~79起被发现，还有21~40起财务舞弊被隐藏，未被检测并披露。

6.4　财务重述的实体经济效应

6.4.1　财务重述年度数量分布

　　参照上市公司数量（剔除了B股和ST股）及实际财务重述数量，本章统计了从2000—2019年这20年A股上市公司的财务重述比率，如表6-8所示。本章数据中2003—2013年上市公司财务重述比率为6.31%，杨清香等（2015）的研究中2003—2013年上市公司财务重述比率的均值为7%，与本章数据基本保持一致。

表6-8 　　　　　　　　　　　　　上市公司财务重述比率

年份	财务重述数	重述比率	年份	财务重述数	重述比率
2000	47	5.68%	2010	67	4.62%
2001	248	25.46%	2011	52	2.89%
2002	224	22.03%	2012	29	1.36%
2003	106	10.04%	2013	56	2.39%
2004	115	10.38%	2014	101	4.28%
2005	112	9.24%	2015	43	1.74%
2006	85	7.22%	2016	39	1.48%
2007	83	6.89%	2017	63	2.22%
2008	107	8.07%	2018	65	2.00%
2009	88	6.34%	2019	101	3.06%

图6-1展示了2000—2019年A股上市公司数量和财务重述数量，公司数量自2000年起不断增加；而财务重述数量在2001年曾达到峰值，之后逐年下降，而在本章的样本期2016—2019年中，财务重述数量前三年均保持稳定，在2019年出现小幅度攀升，这可能是因为2019年造假事件频现，证监会和审计师加大了对上市公司财务报表的关注和审查。在这一前提下，如果这种强化审查揭露了所有公司的财务舞弊行为，可能会使得瑞华所和非瑞华所客户披露的财务重述行为数量没有差异。只要瑞华所的前客户受到的影响更大（例如瑞华所客户的财务重述概率上涨超过100%，同期非瑞华所客户上涨22%），本章的推导方法就会生效，但是会低估未被发现的财务舞弊行为。因

此，本章的结果可能是对财务重述行为检测概率的保守估计。

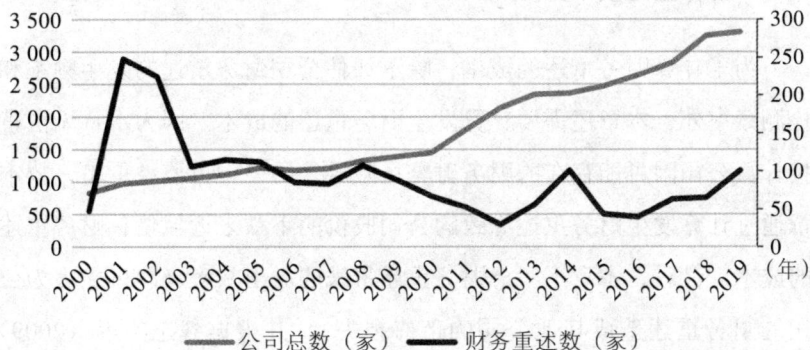

图6-1　2000—2019年A股上市公司数量和财务重述数量

图6-2展示了2000—2019年A股上市公司财务重述比率，财务重述比率在2001年达到峰值，超过1/4的公司发生过财务重述，之后逐年下降，最后保持平稳，年财务重述比率低于5%。在本章的样本期2016—2019年中，财务重述比率基本保持稳定，只在2019年出现小幅度攀升（从2%上涨至3%）。近十年，公司财务重述的平均发生率为2.6%，按照本章的检测概率估计，实际的财务重述行为比率应为3.71%（2.6%/70%）。

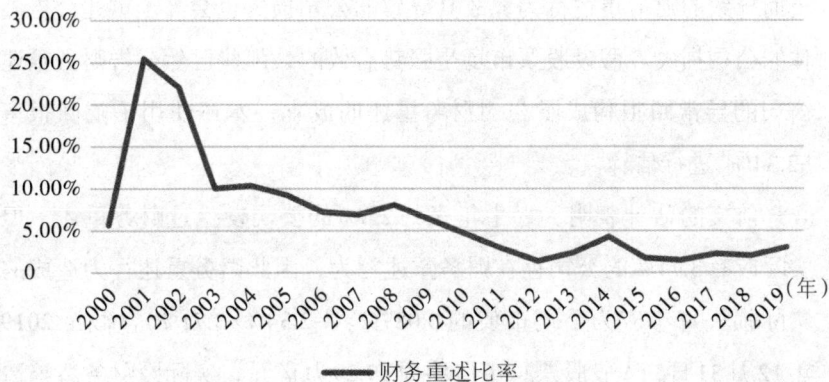

图6-2　2000—2019年A股上市公司财务重述比率

6.4.2　财务重述成本分析

为了计算财务重述的成本，除了评估公司财务重述的发生频率和检测概率外，本章还需要计算发生财务重述的成本。因为本章无法直接计算公司因可能存在的财务舞弊风险导致的公司市值溢价率，故本章通过计算发生财务重述导致的公司股价的下跌来近似估计财务重述的成本。最后，本章不考虑财务重述带来的溢出效应（即可能因为公司的财务重述造成其他公司的市值损失），并根据魏志华等（2009）有关财务重述的公告效应比率计算成本。

魏志华等（2009）对我国上市公司年报重述的公告效应进行了较为系统的研究，发现重述公告整体的市场反应显著为负，约为−0.9%，进一步细分重述公告类型后，发现占比最大（约占61.7%）的更正公告的负面市场反应更为严重，达到−1.36%，涉及公司核心会计指标或调减年报盈余时市场反应达到了−1.74%和−2.94%，因监管部门惩罚或敦促而导致的重述公告的市场反应为−2.86%。

本章所计算使用的财务重述行为已经剔除了因会计估计、政策变更而导致的财务重述行为，故其导致的公司损失也会高于重述公告整体的公司损失。假设股票市场是强势有效的，那些已然公告财务重述公司的异常回报构成了公司财务重述的成本，本章使用平均回报率−2.34%[①]进行估计。

前文的估计表明，近十年来约2.6%的公司发生过财务重述，但实际应有3.71%的公司存在财务重述行为，因此财务重述行为造成的实际损失每年应为公司市值的0.087%（−2.34%×3.71%），截至2019年12月31日，A股股票总市值约为59.29万亿元，实际因财务舞弊造成的损失应为514亿元，隐藏的财务舞弊损失约为154亿元。

---

①　−2.34=（−1.74−2.94）/2。

证监会施行监管处罚的潜在好处在于能够降低证券市场发生财务舞弊的概率，因而监管可能带来的收益等于财务舞弊概率的减少值乘以财务舞弊发生时的成本，如果并非有3.71%的公司参与财务舞弊（即实际应有的财务重述概率），而是因为政策加强监管导致只有2.6%的公司参与财务重述，财务重述的成本将降低154亿元。而根据证监会公布的2020年度中国证监会部门预算情况，证监会2020年收支总预算为14亿元，如果证监会的监管能够使得财务舞弊的概率降低0.1%（相对现有概率基础降低幅度为2.6%），降低的财务重述潜在收益就足以覆盖证监会全年支出。即使是大额的监管支出或是新法规带来的高额合规成本，如新《中华人民共和国证券法》的颁布，如果能够使得财务舞弊的概率降低，也很容易被其经济效益覆盖。

6.5 小结

本章对财务舞弊检测概率进行了估计，并使用这种估计方式来量化中国上市公司财务舞弊的普遍性，评估其可能造成的成本。基于瑞华所被证监会立案调查事件，其客户纷纷解约并寻找新的继任者。这一事件为本章提供了一个推断财务舞弊发生的无条件概率，最终发现仅有70%的财务舞弊被发现。使用这一估计，本章得出结论，近10年，平均3.71%的公司有财务舞弊行为，根据2019年A股上市公司总市值，舞弊行为的年度成本为514亿元人民币，即使证监会的监管处罚只能使财务舞弊行为概率下降0.1%（相对下降2.6%），所带来的财务舞弊收益（即舞弊成本减少值）也是可观的。

尽管目前我国上市公司财务舞弊概率相对较低，但依然存在舞弊行为尚未被揭露的事实，本章通过对检测概率的估计和财务舞弊成本的估算，发现上市公司舞弊成本高昂，说明目前我国上市公司的治理有效性还较低。财务舞弊成本巨大，也说明财务舞弊是代理成本中一个重要组成部分。因此，监管部门应当继续推进审计行业的监管处罚，加强对财务舞弊的管控，提高企业高管对上市公司财务质量重要性的认识，促进上市公司审计质量的提高。通过对会计师事务所审计质量的监管和上市公司财务行为的监督，监管部门应该继续严厉打击各类违法违规行为，建立法治化、市场化和国际化的成熟市场。

7

证监会处罚的政策启示与建议

审计是审计师根据会计准则的规定，执行应有的审查工作，要求财务报告信息公允地列报，并给出客观的审计评价，且依法向外界公开。审计能够缓解信息不对称，能够有效提高财务报告可信度，提高资产配置效率，是一种有效的监督治理机制。但是近几年的财务报告舞弊事件不仅给投资者带来了巨大的损失，还进一步影响了投资者对我国资本市场的信任。在正在高质量发展的我国资本市场中，如何才能提高审计质量，保证财务报告真实可信？一方面需要审计师和会计师事务所的自我约束，另一方面则依赖于外部机构的监督管理。2019年瑞华所因康得新事件被证监会处罚是否具有正面影响？本书从瑞华所客户的利益相关者出发，基于信号理论、代理理论和保险理论，深入地分析了证监会监管处罚后，瑞华所A股客户的市场反应、公司审计委员会与客户对审计师的选择、继任审计师和其他外部利益相关者加强审查等，旨在更好地解释证监会处罚后利益相关者的行为差异，为未来审计行为研究提供理论支持和经验证据。

本书结合现有文献研究，以瑞华会计师事务所被证监会立案调查为研究事件，以信号理论、代理理论和保险理论为基础，利用中国证券市场2016—2020年上市公司A股数据，从理论和实证两个层面对证监会处罚后的市场反应、公司审计委员会与客户对审计师的选择以及继任审计师和其他外部利益相关者加强审查等方面进行了深入研究。

第一，证监会处罚后的市场反应。在证监会发布对瑞华所立案调查后，处罚公告日瑞华所的客户出现了显著为负的市场反应；审计师独立性较低的公司的负面市场反应也会更强烈；在国有企业中，审计师独立性对市场负面反应的弱化作用会更强；最后，瑞华所发布关于康得新公司的审计工作公告时，客户公司股价出现了明显的下跌；较快解聘瑞华的客户，其公告期内CAR均值较高。

第二，公司审计委员会与客户对审计师的选择。基于客户层面，审计师被处罚后，公司审计委员会独立性较高的公司会更快地与声誉受损的审计师撇清关系，并续聘声誉良好的会计师事务所。民营企业和外部分析师跟踪数量较多的企业，对"污点"审计师的快速解聘现象更为显著。

第三，继任审计师和其他外部利益相关者加强审查。基于继任审计师和其他外部利益相关者层面，在瑞华所被处罚后，其客户被视为风险较高，继任审计师和其他外部利益相关者会给予更多的关注和审查，导致瑞华所客户财务重述比率出现提升。通过联立瑞华所和非瑞华所客户的财务重述概率方程推断出检测概率约为1/3，也就是说我国资本市场仅有不到1/3的财务重述被实际检测发现。

7.1 继续推进注册会计师职业化建设

人是发展的动力，更是发展的根本，以人为本是科学发展观的核心。同样，注册会计师是审计行业中的主体，注册会计师的个人情况直接关系到审计行业能否健康发展。2014年国务院发布的《国务院关于加强审计工作的意见》（国发〔2014〕48号）中提出需要推进审计职业化建设，审计职业化建设需要完善注册会计师制度和壮大注册会计师人才队伍。其中完善注册会计师制度需要法律来强化，仅仅依靠行业自律性组织来进行监管是不现实和无效的，政府监管是必由之路，应该建立一个以法律为基准，政府监管在前，行业自律协助的监管模式（刘永泽和陈艳，2002）。

7.1.1 监管对象及监管内容的选择

监管对象主要考虑是否存在监管处罚记录、事务所大小、事务所社会认可度、是否有不正常竞争行为、是否存在"低价揽客"现象、是否有过被投诉记录、事务所是否存在分立合并和与其他所合作等情况。监管内容主要针对那些容易出现高风险、高损失的业务，例如大公司审计业务、小事务所单一占比较高的业务、内部治理混乱的事务所执行的业务，结合当地经济发展状况，对这些业务应当加大审查力度。

7.1.2 加强注册会计师行业监管信息化

随着计算机技术的高速发展，审计监管同样应当与时俱进，掌握先进的电子技术，实现信息化监管战略，方能有效地执行监管，引导审计行业健康发展，而目前我们仅能从证监会的官方网站上查询得知审计监管处罚的信息。目前我国注册会计师因审计失败而被提起民事诉讼的概率很低，这可能是因为我国诉讼法律制度尚未完善等，因此证监会对会计师事务所和审计师的行政处罚是最为常见的惩戒方式。中国证监会会对会计师事务所的审计质量进行监督，并对注册会计师执业失败行为进行严厉惩罚，例如警告、罚款、暂停执业，甚至判刑（Chan and Wu，2011）。我国需要建立一个完善的审计行业监管信息披露的数据库，类似于东方财富网，能够及时获得各类事务所的监管处罚历史信息，建立一个有效的分级评价体系，除了审计业务收入、合伙人数据等，从监管信息的角度进行排序分类，为社会大众提供一个清晰、合理的标准化数据库。还可以包括事务所的各类特征，如合伙人名称、文化背景、学术背景、执业经历等方面，方便各界信息使用者参考。

7.1.3 加强监管处罚信息的利用

如果审计师或者事务所被监管处罚后，并没有实质性变化，那么此次监管处罚就是无效的，那么处罚和被处罚就不会构成差异。但如果对会计师事务所或审计师受监管处罚的信息建立一个能力评价系统，给上市公司提供一个会计师事务所或者审计师的选择标准，那么审计行业的监管处罚效果可能会有明显的提升。同时，可以基于审计行业监管信息化建设，以历史监管处罚信息作为参考依据对审计师进行奖励或处罚。目前，虽然可以在相关网站中查询到审计师行业监管处罚信息，但并未形成统一的规范，信息的利用效果不佳。需要进一步利用和总结审计师的相关监管处罚信息，保证信息的高效使用。

7.2　强化审计师法律责任意识，完善法治体系

在发达国家强大的法律环境中，审计师比在其他司法管辖区更有可能被起诉，诉讼的威胁有效地提高了审计师的审计质量。但在我国，审计师诉讼制度尚不完善，极少数审计师会面临诉讼赔偿。正因如此，审计师法律责任意识淡薄，更多地依赖于证监会的事后监管处罚进行威慑。因此，需要加强对审计师法律责任意识的培养，这需要健全的法律制度、高效的实施、严密的监督和有力的保障。

2020年，修订的《证券法》颁布，落实"零容忍"要求，严厉打击会计师事务所违法违规行为。首先，取消了会计师事务所证券资格审批，改为对从事证券服务业务进行备案管理；其次，加大处罚力度，上市公司财务造假顶格处罚60万元将成为历史，违法成本将没有上限，违法者将倾家荡产，促使审计机构加强自我风险管理，建立自我约束机制，进一步压实审计师作为资本市场"看门人"的职责；最后，明确规定了民事集体诉讼制度——证券纠纷代表人诉讼制度。此次修订的《证券法》从多方面完善了投资者保护制度，尤其是证券纠纷代表人诉讼制度，有利于提高民事诉讼效率，协助更多的普通投资者进行维权索赔，也必然会提高审计师及会计师事务所的法律责任意识。

7.3　持续推进审计行业监管

根据《会计师事务所执业许可和监督管理办法》（财政部令第97号）、《中华人民共和国注册会计师法》等有关规定，围绕政府职能的转变、简政放权的深化、政务服务的优化和监管方式的创新，财政部及有关部门提出的会计师事务所执业许可制度，精简申请材料，简化会计师事务所跨省迁移程序，对不同类型的企业和机构的审计活动开展资质管理，实现了注册会计师行业的有序发展。与此同时，坚持高质量发展，全面建设社会主义现代化国家，要求进一步提高会计师事务所审计质量，为实现国家治理体系和治理能力现代化添砖加瓦。

为了响应"放管服"改革的号召，营造一个高效健康的市场环境，保证审计行业的高质量发展，我国需要进一步调整审计师从事上市公司审计业务的从业资格管理制度，同时完善审计业务的审计过程和审计结果的监督管理。一定要做到"坚持准则，不做假账"，提高上市公司财务报告可信度，使审计师对财务报表的鉴证机制得到更好的发挥，健全"三位一体"的会计监督体系，完善对上市公司财务会计的监管。

一是完善会计师事务所执业管理政策。目前我国会计师事务所从事上市公司财务报表审计业务实行备案制管理办法，即仅需提供备案材料供财政部、证监会公告。在"放管服"改革精神下，充分运用现有规章制度，展示并凸显各会计师事务所的高精尖服务能力和可靠的审计质量，形成一个健康的市场竞争格局。同时，所有具体操作全程可在网上办理，不仅简化了备案流程，更能提高会计师事务所的办事效率，这也凸显了新时代下监管部门的服务意识。引导整个审计服务市场的方向，做精做大，保质保量完成审计服务业务，使得对会计师事务所为上市公司提供审计服务的监督管理制度得到进一步完善。

二是进一步推动会计师事务所的个体质量评比。要以提高审计质量作为事务所发展目标，保证大规模会计师事务所实现强中有质和模范效应，带动审计行业整体高质量发展；同时督促中小型规模会计师事务所专精具体行业业务，在未实现规模效应的时候，尽量做到单一行业的精通，一方面能够有效保证审计质量，另一方面也能有效减少跨行业学习成本。最终形成各类规模的会计师事务所协同有序发展的市场局面。监管部门应积极开展对审计行业内各类规模的会计师事务所质量评估结果的运用，为上市公司、外部投资者及其他利益相关者及时获取相关信息提供便利，给出有效可信的参考依据。

三是加强对会计师事务所开展审计服务业务的许可条件监督。证监会、财政部应该定期组织检查核实会计师事务所审计业务开展等情况。依据排查结果，依法出具书面的排查意见，并责令不合格的会计师事务所进行整改，严重者给予警示等措施。在公开网站和相关媒体及时地披露定期核查的结果，同其他相关机构、部门和社会各界及时共享核查信息；加强对会计师事务所上市公司审计业务的监管。做到"两重"信息监测，即密切地关注、评估和监测从事重大审计业务和具有重大事项变更的会计师事务所的相关信息，同其他相关机构、部门和社会各界共享有关信息，在公开网站和相关媒体进行提示。不能放松对会计师事务所合伙人的管理，要做到对各个会计师事务所合伙人的任职资格、诚信要求等做出明确具体的规定并保证各地依法参照并执行到位。

四是提高对有关会计师事务所的各类信息的通报公告频率。目前已有的监督系统仍需进一步改善，要及时完整地利用实际监管检查中有关会计师事务所的动态情况，建立一个动态的、完整的和可信度高的有关审计师的各类信息的网络平台。其主要包括事务所的管理结构、合伙人责任形式、日常客户群体、监管机构给出的质量评分、在执业历史上获得的各类社会荣誉和监管颁发的表彰，以及因审计失败或其他情况导致的行政处罚等信息，以满足审计服务市场中顾客的高质量需求为导向，用开放包容的心态迎接社会各界的外部监督。

五是提高会计师事务所透明度。提高透明度将为审计师行业带来真正的红利，那些在审计领域具有较高透明度的审计师享有较好的声誉和较高的费用溢价，对外洽谈业务时也具有更大的吸引力。进一步建立审计师行业内的声誉信用体系，突出声誉受损的审计师受到的惩罚和客户流失。同时，需要在客户端也加强普及在选择审计师时应该注重审计责任，改善公司的内部治理结构，完善公司内部控制系统，落实内部控制措施，在审计委员会责任制下，审计委员会为公司股东负责的目标，充分发挥审计委员会在选聘审计师、保持审计师审计活动独立性、保证审计结果完整充分披露等方面的作用。证监会及其他外部监管机构也应给予适当的关注，做到上市公司和审计师间的良好匹配。

六是引导审计师加强自律。审计师要做到严于律己，会计师事务所积极执行行业规定，做到规范诚信；外界社会保持高度关注和监督，借助电视、互联网、微博、微信等媒体形式，宣扬审计师自律行为；行业协会设立接收信箱，对审计师和会计师事务所的违规行为给予及时的劝导和警示，引导审计师和会计师事务所在自身能力范围内承接业务，遵守注册会计师执业道德守则。密切关注低价揽客行为，杜绝行业内恶性竞争，确保各会计师事务所各尽其责。

七是加大对审计师行业的监管力度。在监管过程中做到随机抽查，选派的检查人员要在范围内做到随机挑选，同时最终的抽查结果及惩处情况要及时完整地向社会公众公开，资料备案随时可查。落实有关法律法规中的处罚规定，轻微错误给予劝诫、警示，严重者给予暂停执业或吊销执业许可。真正做到监督检查，有法可依，有错必惩，监管有力度，惩罚有权威。

八是加强行业主管部门与其他监管部门的协同。做到主管协助相结合，共同督促审计师谨慎择客、慎重执业、公允表达。提升审计师审计质量，实现社会各界及其他部门对审计质量的期望，为审计行业的健康发展保驾护航。

最后，本书并非赞成在审计师行业监管模式上选择极端的政府监管，即从仅仅选择市场自律监管模式的极端走向仅仅选择政府监管的另一个极端。就审计行业监管而言，证监会及其他监管部门的主要职能应该是发现市场机制的不足并及时给予补充，而不应成为市场自律监管的替代品。实施审计行业监管应该充分考虑以法律法规为基本准则，以证监会及其他监管为主导力量，以行业自律监管为附属的三位一体化结构设计的基本思想。

主要参考文献

[1] ABBOTT L J, GUNNY K A, ZHANG T C. When the PCAOB talks, who listens? Evidence from stakeholder reaction to GAAP-deficient PCAOB inspection reports of small auditors [J]. Auditing: A Journal of Practice & Theory, 2012, 32 (2): 1-31.

[2] ABBOTT L J, PARKER S, PETERS G F. Audit committee characteristics and restatements [J]. Auditing: A Journal of Practice & Theory, 2004, 23 (1): 69-87.

[3] AGRAWAL A, CHADHA S. Corporate governance and accounting scandals [J]. The Journal of Law & Economics, 2005, 48 (2): 371-406.

[4] AMIR E, KALLUNKI J, NILSSON H. The association between individual audit partners' risk preferences and the composition of their client portfolios [J]. Review of Accounting Studies, 2014, 19 (1): 103-133.

[5] BALVERS R J, MCDONALD B, MILLER R E. Underpricing of new issues and the choice of auditor as a signal of investment banker reputation [J]. The Accounting Review, 1988, 63 (4): 605-622.

[6] BARTON J. Who cares about auditor reputation? [J]. Contemporary Accounting Research, 2005, 22 (3): 549-586.

［7］　 BEATTY R P.Auditor reputation and the pricing of initial public offerings ［J］.
The Accounting Review，1989，64（4）：693-709.

［8］　 BONNER S E. Experience effects in auditing：The role of task-specific
knowledge ［J］. The Accounting Review，1990，65（1）：72-92.

［9］　 BOOTH A，CARDONA-SOSA L，NOLEN P. Gender differences in risk
aversion：Do single-sex environments affect their development? ［J］.
Journal of Economic Behavior & Organization，2014（99）：126-154.

［10］　 BURKS J J. Are investors confused by restatements after Sarbanes-Oxley?
［J］. The Accounting Review，2011，86（2）：507-539.

［11］　 BYRNES J P，MILLER D C，SCHAFER W D. Gender differences in risk
taking：A meta-analysis ［J］. Psychological Bulletin，1999，125（3）：
367-383.

［12］　 CASSELL C A，GIROUX G A，MYERS L A，et al.The effect of corporate
governance on auditor-client realignments ［J］. Auditing：A Journal of
Practice & Theory，2012，31（2）：167-188.

［13］　 CASTERELLA J R，JENSEN K L，KNECHEL W R.Litigation risk and audit
firm characteristics ［J］. Auditing：A Journal of Practice & Theory，2010，
29（2）：71-82.

［14］　 CHANEY P K，PHILIPICH K L. Shredded reputation：The cost of audit
failure ［J］. Journal of Accounting Research，2002，40（4）：1221-1245.

［15］　 CHEN K Y，ZHOU J. Audit committee，board characteristics and auditor
switch decisions by Andersen's clients ［J］. Contemporary Accounting
Research，2007（24）：1085-1117.

［16］　 CHEN S M，SU X J，WANG Z L.An analysis of auditing environment and
modified audit opinions in China：underlying reasons and lessons ［J］.
International Journal of Auditing，2005，9（3）：165-185.

［17］　 CHEN F，PENG S，XUE S L，et al.Do audit clients successfully engage in
opinion shopping? Partner-level evidence ［J］. Journal of Accounting

Research, 2016, 54 (1): 79-112.

[18] CHOW C W. The demand for external auditing: Size, debt and ownership influences [J]. The Accounting Review, 1982, 57 (2): 272-291.

[19] COLLIER P, GREGORY A. Audit committee activity and agency costs [J]. Journal of Accounting and Public Policy, 1999, 18 (4): 311-332.

[20] DATAR S M, FELTHAM G A, HUGHES J S. The role of audits and audit quality in valuing new issues [J]. Journal of Accounting and Economics, 1991, 14 (1): 3-49.

[21] DAVIS L R, SIMON D T. The impact of SEC disciplinary actions on audit fees [J]. Auditing: A Journal of Practice & Theory, 1992 (11): 58-68.

[22] DEANGELO L E. Auditor size and audit quality [J]. Journal of Accounting and Economics, 1981, 3 (3): 183-199.

[23] DEANGELO L E. Auditor independence, 'low balling', and disclosure regulation [J]. Journal of Accounting and Economics, 1981, 3 (2): 113-127.

[24] DECHOW P M, DICHEV I D. The quality of accruals and earnings: The role of accrual estimation errors [J]. The Accounting Review, 2002, 77 (s-1): 35-59.

[25] DECHOW P M, SLOAN R G, SWEENEY A P. Detecting earnings management [J]. The Accounting Review, 1995, 70 (2): 193-225.

[26] DEFOND M L, LENNOX C S. The effect of SOX on small auditor exits and audit quality [J]. Journal of Accounting and Economics, 2011, 52 (1): 21-40.

[27] DEFOND M L, WONG T J, LI S H. The impact of improved auditor independence on audit market concentration in China [J]. Journal of Accounting and Economics, 1999, 28 (3): 269-305.

[28] DEFOND M L, ZHANG J Y. A review of archival auditing research [J]. Journal of Accounting and Economics, 2014, 58 (2): 275-326.

[29]　DOHMEN T, FALK A, HUFFMAN D, et al. Individual risk attitudes: Measurement, determinants, and behavioral consequences [J]. Journal of the European Economic Association, 2011, 9 (3): 522-550.

[30]　DOHMEN T, FALK A, HUFFMAN D, et al. Are risk aversion and impatience related to cognitive ability? [J]. American Economic Review, 2010, 100 (3): 1238-1260.

[31]　DYE R A. Informationally motivated auditor replacement [J]. Journal of Accounting and Economics, 1991, 14 (4): 347-374.

[32]　DYE R A. Auditing standards, legal liability, and auditor wealth [J]. Journal of Political Economy, 1993, 101 (5): 887-914.

[33]　EICHENSEHER J W, SHIELDS D. Corporate director liability and monitoring preferences [J]. Journal of Accounting and Public Policy, 1985, 4 (1): 13-31.

[34]　EISENBERG T, MACEY J R. Was Arthur Andersen different? An empirical examination of major accounting firm audits of large clients [J]. Journal of Empirical Legal Studies, 2004, 1 (2): 263-300.

[35]　FIGNER B, WEBER E U. Who takes risks when and why? Determinants of risk taking [J]. Current Directions in Psychological Science, 2011, 20 (4): 211-216.

[36]　FIRTH M, MO P L L, WONG R M K. Financial statement frauds and auditor sanctions: An analysis of enforcement actions in China [J]. Journal of Business Ethics, 2005, 62 (4): 367-381.

[37]　FRANCIS J R, KRISHNAN J. Evidence on auditor risk-management strategies before and after The Private Securities Litigation Reform Act of 1995 [J]. Asia-Pacific Journal of Accounting & Economics, 2002, 9 (2): 135-157.

[38]　FRANCIS J R, PINNUCK M L, WATANABE O. Auditor style and financial statement comparability [J]. The Accounting Review, 2014, 89 (2):

605-633.

[39]　FRANCIS J R, WANG D. The joint effect of investor protection and Big 4 audits on earnings quality around the world [J]. Contemporary Accounting Research, 2008, 25 (1): 157-191.

[40]　GEIGER M A, RAMA D V. Audit fees, nonaudit fees, and auditor reporting on stressed companies [J]. Auditing: A Journal of Practice & Theory, 2003, 22 (2): 53-69.

[41]　GHOSH A, LUSTGARTEN S. Pricing of initial audit engagements by large and small audit firms [J]. Contemporary Accounting Research, 2006, 23 (2): 333-368.

[42]　GIPPER B, LEUZ C, MAFFETT M. Public oversight and reporting credibility: Evidence from the PCAOB audit inspection regime [J]. The Review of Financial Studies, 2020, 33 (10): 4532-4579.

[43]　GUL F A, WU D H, YANG Z F. Do individual auditors affect audit quality? Evidence from archival data [J]. The Accounting Review, 2013, 88 (6): 1993-2023.

[44]　HACKENBRACK K, JENSEN K L, PAYNE J L. The effect of a bidding restriction on the audit services market [J]. Journal of Accounting Research, 2000, 38 (2): 355-374.

[45]　HENINGER W G. The association between auditor litigation and abnormal accruals [J]. The Accounting Review, 2001, 76 (1): 111-126.

[46]　CHAN K H, WU D H. Aggregate quasi rents and auditor independence: Evidence from audit firm mergers in China [J]. Contemporary Accounting Research, 2011, 28 (1): 175-213.

[47]　JENSEN M C, MECKLING W H. Theory of the firm: Managerial behavior, agency costs and ownership structure [J]. Journal of Financial Economics, 1976, 3 (4): 305-360.

[48]　JIAMBALVO J, PRATT J. Task complexity and leadership effectiveness in

CPA firms [J]. The Accounting Review, 1982, 57 (4): 734-750.

[49] JOHNSON E, KHURANA I K, REYNOLDS J K.Audit-firm tenure and the quality of financial reports [J]. Contemporary Accounting Research, 2002, 19 (4): 637-660.

[50] JOHNSTONE K M. Client-acceptance decisions: Simultaneous effects of client business risk, audit risk, auditor business risk, and risk adaptation [J]. Auditing: A Journal of Practice & Theory, 2000, 19 (1): 1-25.

[51] JONES F L, RAGHUNANDAN K. Client risk and recent changes in the market for audit services [J]. Journal of Accounting and Public Policy, 1998, 17 (2): 169-181.

[52] KINNEY W R, MCDANIEL L S.Characteristics of firms correcting previously reported quarterly earnings [J]. Journal of Accounting and Economics, 1989, 11 (1): 71-93.

[53] KLEIN A.Audit committee, board of director characteristics, and earnings management [J]. Journal of Accounting and Economics, 2002, 33 (3): 375-400.

[54] KLERSEY G F, ROBERTS M L.Audit partners' individual risk preferences in client retention decisions [J]. Academy of Accounting and Financial Studies Journal, 2010, 14 (2): 88-102.

[55] KOHLBECK M. The demand for private company audits: Evidence from private commercial banks [J]. SSRN Electronic Journal, 2005.

[56] KOTHARI S P, LEONE A J, WASLEY C E. Performance matched discretionary accrual measures [J]. Journal of Accounting and Economics, 2005, 39 (1): 163-197.

[57] KRISHNAN J, KRISHNAN J. Litigation risk and auditor resignations [J]. The Accounting Review, 1997, 72 (4): 539-560.

[58] LANDSMAN W R, NELSON K K, ROUNTREE B R.Auditor switches in the pre-and post-enron eras: Risk or realignment? [J]. The Accounting Review,

2009, 84 (2): 531-558.

[59] LANGEVOORT D.Taming the animal spirits of the stock market: A behavioral approach to securities regulation [Z]. Berkeley Olin Program in Law & Economics, 2002.

[60] LEDYARD J O.Coordination in shared facilities: A new methodology [J]. Journal of Organizational Computing & Electronic Commerce, 1991, 1 (1): 41.

[61] LENNOX C S, PARK C W.Audit firm appointments, audit firm alumni, and audit committee independence [J]. Contemporary Accounting Research, 2007, 24 (1): 235-258.

[62] LIBBY R, LUFT J. Determinants of judgment performance in accounting settings: Ability, knowledge, motivation, and environment [J]. Accounting, Organizations and Society, 1993, 18 (5): 425-450.

[63] LICHTENSTEIN S, FISCHHOFF B. Training for calibration [J]. Organizational Behavior and Human Performance, 1980, 26 (2): 149-171.

[64] LYS T, WATTS R L.Lawsuits against auditors [J]. Journal of Accounting Research, 1994 (32): 65-93.

[65] MAUTZ R K, NEUMAN F L. Corporate audit committees: Policies and practices [M]. Cleveland: Ernst & Ernst, 1977.

[66] MCMULLEN D A. Audit committee performance: An investigation of the consequences associated with audit committee [J]. Auditing: A Journal of Practice & Theory, 1996 (15): 87-103.

[67] MENON K, WILLIAMS D D. The insurance hypothesis and market prices [J]. The Accounting Review, 1994, 69 (2): 327-342.

[68] MICHAEL F. Auditor reputation: The impact of critical reports issued by government inspectors [J]. Rand Journal of Economics, 1990, 21 (3): 374-387.

[69] NAGY A L.PCAOB quality control inspection reports and auditor reputation

[J]. Auditing: A Journal of Practice & Theory, 2014, 33 (3): 87-104.

[70] PARKASH M, VENABLE C F.Auditee incentives for auditor independence: The case of nonaudit services [J]. The Accounting Review, 1993, 68 (1): 113-133.

[71] PALMROSE Z V.Competitive manuscript co-winner: An analysis of auditor litigation and audit service quality [J]. The Accounting Review, 1988, 63 (1): 55-73.

[72] PATTERSON E R, SMITH J R.The effects of Sarbanes-Oxley on auditing and internal control strength [J]. The Accounting Review, 2007, 82 (2): 427-455.

[73] PIERRE K S, ANDERSON J A. An analysis of the factors associated with lawsuits against public accountants [J]. The Accounting Review, 1984, 59 (2): 242-263.

[74] PISTOR K, XU C G. Governing stock markets in transition economies: Lessons from China [J]. American Law and Economics Review, 2005, 7 (1): 184-210.

[75] POST T, ASSEM M J V D, BALTUSSEN G, et al. Deal or no deal? Decision making under risk in a large-payoff game show [J]. The American Economic Review, 2008 (98): 38-71.

[76] PRATT J, STICE J D.The effects of client characteristics on auditor litigation risk judgments, required audit evidence, and recommended audit fees [J]. The Accounting Review, 1994, 69 (4): 639-656.

[77] SCHATZBERG J W, SEVCIK G R, SHAPIRO B P, et al.A reexamination of behavior in experimental audit markets: The effects of moral reasoning and economic incentives on auditor reporting and fees [J]. Contemporary Accounting Research, 2005, 22 (1): 229-264.

[78] SCHWARTZ K B, MENON K.Auditor switches by failing firms [J]. The Accounting Review, 1985, 60 (2): 248-261.

[79]　SCOTT W R.财务会计理论 [M]. 陈汉文，译.3 版. 北京：机械工业出版社，2006.

[80]　SHOCKLEY R A, HOLT R N. A behavioral investigation of supplier differentiation in the market for audit services [J]. Journal of Accounting Research, 1983, 21 (2): 545-564.

[81]　SHU S Z. Auditor resignations: Clientele effects and legal liability [J]. Journal of Accounting and Economics, 2000, 29 (2): 173-205.

[82]　SIMON D T, FRANCIS J R.The effects of auditor change on audit fees: Tests of price cutting and price recovery [J]. The Accounting Review, 1988, 63 (2): 255-269.

[83]　SIMUNIC D.The pricing of audit services - theory and evidence [J]. Journal of Accounting Research, 1980, 18 (1): 161-190.

[84]　SIMUNIC D, STEIN M.Product differentiation in auditing: Auditor choice in the market for unseasoned new issues [Z]. 1987.

[85]　SIMUNIC D A. Auditing, consulting, and auditor independence [J]. Journal of Accounting Research, 1984, 22 (2): 679-702.

[86]　SUN J, CAHAN S F, XU J.Individual auditor conservatism after CSRC sanctions [J]. Journal of Business Ethics, 2016, 136 (1): 133-146.

[87]　TAURINGANA V, CLARKE S.The demand for external auditing: managerial share ownership, size, gearing and liquidity influences [J]. Managerial Auditing Journal, 2000, 15 (4): 160-168.

[88]　TITMAN S, TRUEMAN B.Information quality and the valuation of new issues [J]. Journal of Accounting and Economics, 1986, 8 (2): 159-172.

[89]　WALLACE W A.The economic role of the audit in free and regulated markets: A review [J]. Research in Accounting Regulation, 1987, 1 (1): 7-34.

[90]　WANG Q, WONG T J, XIA L J. State ownership, the institutional environment, and auditor choice: Evidence from China [J]. Journal of Accounting and Economics, 2008, 46 (1): 112-134.

[91]　WATTS R L. Corporate financial statements，a product of the market and political processes ［J］. Australian Journal of Management，1977，2（1）：53-75.

[92]　WATTS R L，ZIMMERMAN J L. Agency problems，auditing，and the theory of the firm：Some evidence ［J］. The Journal of Law & Economics，1983，26（3）：613-633.

[93]　WEBER J，WILLENBORG M，ZHANG J Y. Does auditor reputation matter? The case of KPMG Germany and ComROAD AG ［J］. Journal of Accounting Research，2008，46（4）：941-972.

[94]　ZHANG P. The impact of the public's expectations of auditors on audit quality and auditing standards compliance ［J］. Contemporary Accounting Research，2010（24）：631-654.

[95]　蔡春. 受托经济责任——现代会计、审计之魂 ［J］. 会计之友，2000（10）：15.

[96]　蔡卫星，高明华. 审计委员会与信息披露质量：来自中国上市公司的经验证据 ［J］. 南开管理评论，2009，12（4）：120-127.

[97]　曹强，胡南薇，王良成. 客户重要性、风险性质与审计质量——基于财务重述视角的经验证据 ［J］. 审计研究，2012（6）：60-70.

[98]　曾亚敏，张俊生. 会计师事务所合并对审计质量的影响 ［J］. 审计研究，2010（5）：53-60.

[99]　陈关亭，朱松，黄小琳. 审计师选择与会计信息质量的替代性研究——基于稳健性原则对信用评级影响视角 ［J］. 审计研究，2014（5）：77-85.

[100]　陈晓，邱昱芳，徐永新. 会计师事务所受监管部门处罚的因素分析——来自中国资本市场审计监管的经验证据 ［J］. 财经研究，2011，37（6）：67-78.

[101]　杜兴强，谭雪. 董事会国际化与审计师选择：来自中国资本市场的经验证据 ［J］. 审计研究，2016（3）：98-104.

[102] 杜兴强，周泽将. 政治联系与审计师选择 [J]. 审计研究，2010 (2)：47-53.

[103] 冯延超，梁莱歆. 上市公司法律风险、审计收费及非标准审计意见——来自中国上市公司的经验证据 [J]. 审计研究，2010 (3)：75-81.

[104] 雷光勇. 审计合谋与财务报告舞弊：共生与治理 [J]. 管理世界，2004 (2)：97-103.

[105] 李剑锋，徐联仓. 企业经理风险决策行为的实证研究 [J]. 中国管理科学，1996 (3)：17-26.

[106] 李明辉，张娟，刘笑霞. 会计师事务所合并与审计定价——基于2003—2009年十起合并案面板数据的研究 [J]. 会计研究，2012 (5)：86-92.

[107] 李维安，张立党，张苏. 公司治理、投资者异质信念与股票投资风险——基于中国上市公司的实证研究 [J]. 南开管理评论，2012，15 (6)：135-146.

[108] 李晓慧，曹强，孙龙渊. 审计声誉毁损与客户组合变动——基于1999—2014年证监会行政处罚的经验证据 [J]. 会计研究，2016 (4)：85-91.

[109] 廖洪，白华. 美国注册会计师审计收费研究 [J]. 中国注册会计师，2001 (8)：62-64.

[110] 廖义刚，孙俊奇，陈燕. 法律责任、审计风险与事务所客户选择——基于1996年—2006年我国会计师事务所客户风险的分析 [J]. 审计与经济研究，2009，24 (5)：34-40.

[111] 刘峰，许菲. 风险导向型审计·法律风险·审计质量——兼论"五大"在我国审计市场的行为 [J]. 会计研究，2002 (2)：21-27.

[112] 刘启亮，郭俊秀，汤雨颜. 会计事务所组织形式、法律责任与审计质量——基于签字审计师个体层面的研究 [J]. 会计研究，2015 (4)：86-94.

[113] 刘启亮，李祎，张建平. 媒体负面报道、诉讼风险与审计契约稳定性——基于外部治理视角的研究 [J]. 管理世界，2013 (11)：144-154.

[114] 刘笑霞. 审计师惩戒与审计定价——基于中国证监会2008—2010年行政

处罚案的研究 [J]. 审计研究, 2013 (2): 90-98.

[115] 刘笑霞, 李明辉. 代理冲突、董事会质量与"污点"审计师变更 [J]. 会计研究, 2013 (11): 67-74.

[116] 刘笑霞, 李明辉. 行政处罚能提高审计质量吗? ——基于中国证监会 2008—2010 年行政处罚案的经验研究 [J]. 证券市场导报, 2013 (6): 27-32.

[117] 刘永泽, 陈艳. 政府监管与行业自律导向的现实选择——对美国注册会计师行业监管模式的剖析引发的思考 [J]. 会计研究, 2002 (11): 28-31.

[118] 吕敏康, 冯丽丽. 媒体报道、职业能力异质性与审计质量 [J]. 审计研究, 2017 (3): 74-81.

[119] 潘珺, 余玉苗. 审计委员会履职能力、召集人影响力与公司财务报告质量 [J]. 南开管理评论, 2017, 20 (1): 108-118.

[120] 漆江娜, 陈慧霖, 张阳. 事务所规模·品牌·价格与审计质量——国际"四大"中国审计市场收费与质量研究 [J]. 审计研究, 2004 (3): 59-65.

[121] 尚兆燕. 法律对会计师审计意见的影响: 实证检验 [J]. 审计与经济研究, 2009, 24 (5): 22-33.

[122] 沈辉, 肖小凤. 会计师事务所法律责任与审计收费溢价 [J]. 审计与经济研究, 2013, 28 (6): 38-43.

[123] 施丹, 程坚. 审计师性别组成对审计质量、审计费用的影响——来自中国的经验证据 [J]. 审计与经济研究, 2011, 26 (5): 38-46.

[124] 孙铮, 于旭辉. 分权与会计师事务所选择——来自我国国有上市公司的经验证据 [J]. 审计研究, 2007 (6): 52-58.

[125] 王兵, 杜杨, 吕梦. 董事的会计师事务所经历与审计师选择 [J]. 审计与经济研究, 2019, 34 (3): 52-59.

[126] 王兵, 李晶, 苏文兵, 等. 行政处罚能改进审计质量吗? ——基于中国证监会处罚的证据 [J]. 会计研究, 2011 (12): 86-92.

[127] 王菲菲，高媛，王守海. 审计师法律责任、融资约束与公司创新——基于我国会计师事务所转制的经验数据 [J]. 财会通讯，2019（33）：10-14.

[128] 王跃堂，陈世敏. 脱钩改制对审计独立性影响的实证研究 [J]. 审计研究，2001（3）：2-9.

[129] 魏志华，李常青，王毅辉. 中国上市公司年报重述公告效应研究 [J]. 会计研究，2009（8）：31-39.

[130] 吴昊旻，吴春贤，杨兴全. 产品市场竞争、事务所规模与审计质量——来自中国审计市场的经验证据 [J]. 经济管理，2015，37（5）：108-119.

[131] 吴水澎，庄莹. 审计师选择与设立审计委员会的自选择问题——来自中国证券市场的经验证据 [J]. 审计研究，2008（2）：47-54.

[132] 吴溪. 监管处罚中的"重师轻所"及其后果：经验证据 [J]. 会计研究，2008（8）：23-31.

[133] 吴溪，杨育龙，张俊生. 预防性监管伴随着更严格的审计结果吗？——来自中注协年报审计风险约谈的证据 [J]. 审计研究，2014（4）：63-71.

[134] 谢德仁. 会计准则、资本市场监管规则与盈余管理之遏制：来自上市公司债务重组的经验证据 [J]. 会计研究，2011（3）：19-26.

[135] 徐晓东，陈小悦. 第一大股东对公司治理、企业业绩的影响分析 [J]. 经济研究，2003（2）：64-74.

[136] 杨清香，姚静怡，张晋. 与客户共享审计师能降低公司的财务重述吗？——来自中国上市公司的经验证据 [J]. 会计研究，2015（6）：72-79.

[137] 杨时展. 审计的发生和发展 [J]. 财会通讯，1986（4）：3-6.

[138] 杨忠莲，谢香兵. 我国上市公司财务报告舞弊的经济后果——来自证监会与财政部处罚公告的市场反应 [J]. 审计研究，2008（1）：67-74.

[139] 尹海员，李忠民. 个体特质、信息获取与风险态度——来自中国股民的

调查分析 [J]. 经济评论, 2011 (2): 29-37.

[140] 余玉苗. 行业知识、行业专门化与独立审计风险的控制 [J]. 审计研究, 2004 (5): 63-67.

[141] 翟华云. 审计师选择和审计委员会效率——来自2004年中国上市公司的经验证据 [J]. 经济科学, 2007 (2): 91-101.

[142] 张龙平, 聂曼曼. 试论新审计风险模型的理论进步与运用 [J]. 审计研究, 2005 (4): 26-33.

[143] 张敏, 李伟, 张胜. 审计师聘任的实际决策者: 股东还是高管? [J]. 审计研究, 2010 (6): 86-92.

[144] 张维迎. 法律制度的信誉基础 [J]. 经济研究, 2002 (1): 3-13.

[145] 张宗新, 杨万成. 声誉模式抑或信息模式: 中国证券分析师如何影响市场? [J]. 经济研究, 2016, 51 (9): 104-117.

[146] 陈汉文, 黄宗兰. 审计独立性: 一项理论研究 [J]. 审计研究, 2001 (4): 22-28.

[147] 董普, 田高良, 严骞. 非审计服务与审计质量关系的实证研究 [J]. 审计研究, 2007 (5): 42-49.

[148] 李晓慧, 庄飞鹏. 不同视角和制度环境下非审计业务与审计质量的关系研究 [J]. 审计研究, 2015 (4): 88-96.

[149] 刘星, 陈丽蓉, 刘斌, 等. 非审计服务影响注册会计师独立性吗? ——来自中国证券市场的经验数据 [J]. 会计研究, 2006 (7): 30-38.

[150] 赵静梅, 何欣, 吴风云. 中国股市谣言研究: 传谣、辟谣及其对股价的冲击 [J]. 管理世界, 2010 (11): 38-51.

[151] 郑国坚, 林东杰, 张飞达. 大股东财务困境、掏空与公司治理的有效性——来自大股东财务数据的证据 [J]. 管理世界, 2013 (5): 157-168.

[152] 朱红军, 何贤杰, 孙跃, 等. 市场在关注审计师的职业声誉吗? ——基于"科龙电器事件"的经验与启示 [J]. 审计研究, 2008 (4): 44-52.

附录

会计师事务所质量管理准则第5101号

——业务质量管理

（2020年11月19日修订）

第一章　总　则

第一条　为了规范会计师事务所设计、实施和运行有关财务报表审计业务、财务报表审阅业务、其他鉴证业务以及相关服务业务的质量管理体系，制定本准则。

第二条　项目质量复核是会计师事务所质量管理体系中的一项应对措施。本准则规范了会计师事务所就应当实施项目质量复核的范围，制定相关政策和程序的责任。《会计师事务所质量管理准则第5102号——项目质量复核》规范了有关项目质量复核人员的委派和资质要求，以及项目质量复核实施和记录的要求。

第三条　会计师事务所受本准则和《会计师事务所质量管理准则第5102号——项目质量复核》的约束，是中国注册会计师执业准则体系中所有其他准则的前提和基础。

其他一些执业准则规定了项目合伙人和项目组其他成员在项目层面实施质量管理的要求。例如，针对财务报表审计业务，《中国注册会计师审计准则第1121号——对财务报表审计实施的质量管理》规定了项目层面实施质量管理的具体责任以及项目合伙人的相关责任。

第四条　除本准则外，相关职业道德要求也可能针对会计师事务所在质量管理方面的责任作出规定。会计师事务所在使用本准则时，需要同时考虑相关职业道德要求。

第五条　本准则适用于会计师事务所执行财务报表审计业务、财务报表审阅业务、其他鉴证业务和相关服务业务。

第六条　本准则规定了会计师事务所的目标、为达到这些目标而需要遵守的要求，并提供了相关术语的定义。此外，本准则的附录和应用指南对正确理解和执行本准则中的相关条款提供了进一步解释、指引和示例。

第二章　定义

第七条　质量管理体系，是指会计师事务所设计、实施和运行的系统，旨在为以下方面提供合理保证：

（一）会计师事务所及其人员按照法律法规和职业准则的规定履行职责，并根据这些规定执行业务；

（二）会计师事务所和项目合伙人出具适合具体情况的业务报告。

第八条　合理保证，是指高度、但非绝对的保证。

第九条　质量目标，是指会计师事务所在其质量管理体系的各组成要素方面期望达到的结果。

第十条　质量风险，是指一种具有合理可能性会发生的风险，这种风险一旦发生，将单独或连同其他风险对质量目标的实现产生不利影响。

第十一条　应对措施，就会计师事务所质量管理体系而言，是指会计师事务所为了应对质量风险而设计和实施的政策和程序。其中：

（一）政策，是指会计师事务所为应对质量风险而作出的应当或不应当采取某种措施的规定，这种规定可能以成文的方式存在，也可能通过讯息予以明示，或者暗含于行动或决策中；

（二）程序，是指为执行政策而采取的行动。

第十二条　会计师事务所质量管理体系的缺陷（在本准则中有时简称缺陷），是指会计师事务所质量管理体系的设计、实施或运行无法合理保证实现其目标的情况。当存在下列情况之一时，表明会计师事务所质量管理体系存在缺陷：

（一）未能设定某些质量目标，而这些质量目标对实现质量管理体系的目标是必要的；

（二）未能识别或恰当评估一项或多项质量风险；

（三）未能恰当设计和采取应对措施，或者应对措施未能有效发挥作用，导致一项应对措施或者多项应对措施的组合未能将相关质量风险发生的可能性降低至可接受的低水平；

（四）质量管理体系的某些方面缺失，或者某些方面未能得到恰当的设计、实施或有效运行，导致会计师事务所未能遵守本准则的某些要求。

第十三条　发现的情况，就会计师事务所质量管理体系而言，是指通过实施监控活动和外部检查获取的，与质量管理体系设计、实施和运行相关的信息，或者从其他相关来源积累的信息，这些信息表明质量管理体系可能存在一项或多项缺陷。

第十四条　外部检查，是指外部监管机构针对会计师事务所质量管理体系或者会计师事务所执行的业务开展的检查或调查。

第十五条　职业准则，是指执业准则和相关职业道德要求。其中，执业准则包括中国注册会计师鉴证业务基本准则、中国注册会计师审计准则、中国注册会计师审阅准则、中国注册会计师其他鉴证业务准则、中国注册会计师相关服务准则和会计师事务所质量管理准则。

第十六条　相关职业道德要求，是指注册会计师在执行财务报表审计业务、财务报表审阅业务、其他鉴证业务和相关服务业务时，应当遵守的职业道德原则和要求，包括独立性要求（如适用）。

第十七条　职业判断，就本准则而言，是指在职业准则框架下，运用相关知识、技能和经验，就会计师事务所质量管理体系设计、实施和运行作出的适当、知情的行动决策。

第十八条　业务工作底稿，有时也称业务工作记录，是指执业人员对已执行的工作、获取的结果以及得出的结论作出的记录。

第十九条　上市实体，是指其股份、股票或债券在法律法规认可的证券交易所报价或挂牌，或在法律法规认可的证券交易所或其他类似机构的监管下进行交易的实体。

第二十条　网络，是指由多个实体组成，旨在通过合作实现下列一个或多个目的的联合体：

（一）共享收益、分担成本；

（二）共享所有权、控制权或管理权；

（三）执行统一的质量管理政策和程序；

（四）执行同一经营战略；

（五）使用同一品牌；

（六）共享重要的专业资源。

第二十一条　网络事务所，对于某会计师事务所来说，是指该会计师事务所所在网络中的其他会计师事务所或实体。

第二十二条　服务提供商，就本准则而言，是指会计师事务所外部的个人或组织，该个人或组织提供资源供会计师事务所质量管理体系利用或在执行业务时利用。服务提供商不包括会计师事务所所在的网络、网络事务所，也不包括网络中的其他组织或架构。

第二十三条　人员，是指会计师事务所的合伙人和员工。其中，对于非合伙制会计师事务所，合伙人是指类似职位的人员。

第二十四条　员工，是指合伙人以外的专业人员，包括会计师事务所的内部专家。

第二十五条 项目组，是指执行某项业务的所有合伙人和员工，以及为该项业务实施程序的所有其他人员，但不包括外部专家，也不包括为项目组提供直接协助的内部审计人员。

第二十六条 项目合伙人，是指会计师事务所中负责某项业务及其执行，并代表会计师事务所在出具的报告上签字的合伙人。

第二十七条 项目质量复核，是指在报告日或报告日之前，项目质量复核人员对项目组作出的重大判断及据此得出的结论作出的客观评价。

第二十八条 项目质量复核人员，是指会计师事务所中实施项目质量复核的合伙人或其他类似职位的人员，或者由会计师事务所委派实施项目质量复核的外部人员。

第三章 目标

第二十九条 会计师事务所的目标是，针对所执行的财务报表审计业务、财务报表审阅业务、其他鉴证业务和相关服务业务，设计、实施和运行质量管理体系，为会计师事务所在下列方面提供合理保证：

（一）会计师事务所及其人员按照适用的法律法规和职业准则的规定履行职责，并根据这些规定执行业务；

（二）会计师事务所和项目合伙人出具适合具体情况的报告。

第三十条 会计师事务所持续高质量地执行业务是服务公众利益的内在要求。设计、实施和运行质量管理体系可以使会计师事务所能够持续高质量地执行业务。实现业务的高质量，需要会计师事务所执业人员按照适用的法律法规和职业准则的规定计划和执行业务并出具报告。遵守适用的法律法规的规定并实现职业准则的目标需要运用职业判断，针对某些类型的业务，还需要保持职业怀疑。

第四章　要求

第一节　运用和遵守相关要求

第三十一条　会计师事务所应当遵守本准则的所有要求，除非由于会计师事务所或其业务的性质和具体情况，某些要求与本会计师事务所不相关。

第三十二条　对会计师事务所质量管理体系承担最终责任的人员（即主要负责人），以及对会计师事务所质量管理体系承担运行责任的人员，应当了解本准则及应用指南的全部内容，以正确理解本准则的目标并恰当遵守其要求。

第二节　质量管理体系

第三十三条　会计师事务所应当设计、实施和运行在全所范围内（包括分所或分部，下同）统一的质量管理体系。在设计、实施和运行质量管理体系时，会计师事务所应当运用职业判断，并考虑会计师事务所及其业务的性质和具体情况。

会计师事务所应当建立并严格执行一体化管理机制，实现人事、财务、业务、技术标准和信息管理五方面的统一管理，对于合并的分所（或分部）也不应当例外。

第三十四条　在本准则的框架下，会计师事务所质量管理体系包括下列八个组成要素：

（一）会计师事务所的风险评估程序；

（二）治理和领导层；

（三）相关职业道德要求；

（四）客户关系和具体业务的接受与保持；

（五）业务执行；

（六）资源；

（七）信息与沟通；

（八）监控和整改程序。

质量管理体系各组成要素应当有效衔接、互相支撑、协同运行，以保障会计师事务所能够积极有效地实施质量管理。

第三十五条　会计师事务所在设计、实施和运行质量管理体系时，应当采用风险导向的方法，包括采取以下步骤：

（一）设定质量目标。会计师事务所设定的质量目标是由质量管理体系各组成要素相关的目标构成的。

（二）识别和评估质量风险。会计师事务所应当识别和评估质量风险，为设计和采取应对措施奠定基础。

（三）设计和采取应对措施以应对质量风险。应对措施的性质、时间安排和范围取决于相关质量风险的评估结果及得出该评估结果的理由。

第三十六条　在采用风险导向的方法时，会计师事务所应当考虑下列因素：

（一）会计师事务所的性质和具体情况；

（二）会计师事务所执行的业务的性质和具体情况。

由于会计师事务所之间、业务之间存在差异，质量管理体系在设计上会存在差异，特别是其复杂程度和规范程度也会存在差异。例如，为多种不同类型的实体执行不同类型业务的会计师事务所，包括为上市实体执行财务报表审计业务的会计师事务所，相对于只执行财务报表审阅或代编财务信息业务的会计师事务所来说，很可能需要更加复杂和规范的质量管理体系和支持性工作记录。

第三十七条　质量管理体系应当不断完善和优化，而不是一成不变。实务中，会计师事务所应当根据本所及其业务在性质和具体情况方面的变化，对质量管理体系的设计、实施和运行进行动态调整。

第三十八条　会计师事务所质量管理体系中的治理和领导层应当为质量管理体系的设计、实施和运行营造良好的环境，以为该体系提供支持。

第三十九条　会计师事务所主要负责人（如首席合伙人、主任会计师或者同等职位的人员，下同）应当对质量管理体系承担最终责任。

会计师事务所应当指定专门的合伙人（或类似职位的人员）对质量管理体系的运行承担责任。

会计师事务所应当指定专门的合伙人（或类似职位的人员）对质量管理体系特定方面的运行承担责任。这些特定方面包括遵守独立性要求、监控和整改程序等。

第四十条　会计师事务所在向相关人员分派本准则第三十九条所述各项责任时，应当确保这些人员同时符合下列条件：

（一）具备适当的知识、经验和资质；

（二）在会计师事务所内具有履行其责任所需要的权威性和影响力；

（三）具有充足的时间和资源履行其责任；

（四）充分理解其应负的责任并接受对这些责任履行情况的问责。

第四十一条　会计师事务所应当确保对质量管理体系的运行承担责任的人员、对遵守独立性要求承担责任的人员、对监控和整改程序承担责任的人员，能够直接与对质量管理体系承担最终责任的人员（即主要负责人）沟通。

第四十二条　如果会计师事务所属于某一网络，并且在其质量管理体系中或执行业务时，遵守了网络要求或利用了网络服务，会计师事务所仍然应当对其自身的质量管理体系负责。

第四十三条　如果会计师事务所在其质量管理体系中或执行业务

时利用了服务提供商提供的资源，会计师事务所仍然应当对其自身的质量管理体系负责。

第三节　会计师事务所的风险评估程序

第四十四条　会计师事务所应当设计和实施风险评估程序，以设定质量目标，识别和评估质量风险，并设计和采取应对措施以应对质量风险。

第四十五条　会计师事务所应当设定本准则明确规定的质量目标，以及会计师事务所认为对实现其质量管理体系的目标而言必要的其他质量目标。

第四十六条　会计师事务所应当识别和评估质量风险，为设计和采取应对措施奠定基础。在识别和评估质量风险时，会计师事务所应当：

（一）了解可能对实现质量目标产生不利影响的事项或情况，包括相关人员的作为或不作为。这些事项或情况包括下列方面：

1.会计师事务所的性质和具体情况，具休包括：

（1）会计师事务所的复杂程度和经营特征；

（2）会计师事务所在战略和运营方面的决策与行动、业务流程及业务模式；

（3）领导层的特征和管理风格；

（4）会计师事务所的资源，包括由服务提供商提供的资源；

（5）法律法规、职业准则的规定以及会计师事务所运营所处的环境；

（6）网络要求和网络服务的性质和范围（如适用）。

2.会计师事务所业务的性质和具体情况，具体包括：

（1）会计师事务所执行的业务的类型和出具报告的类型；

（2）业务执行对象属于哪种类型的实体。

（二）考虑上述第（一）项中提及的事项或情况等，可能对实现质量目标产生哪些不利影响，以及不利影响的程度。

第四十七条　会计师事务所应当设计并采取应对措施，以应对质量风险。设计和采取应对措施的方式，应当根据并针对相关质量风险的评估结果及得出该评估结果的理由。会计师事务所采取的应对措施应当包括本准则明确规定的应对措施。

第四十八条　在某些情况下，由于会计师事务所或其业务的性质和具体情况发生变化，可能需要设定额外的质量目标、评估额外的质量风险，也可能需要调整之前评估的质量风险或采取的应对措施。会计师事务所应当制定政策和程序，以识别表明存在这些情况的信息。如果识别出这些信息，会计师事务所应当加以考虑，并在适当时采取下列措施：

（一）设定额外的质量目标或调整之前设定的额外质量目标；

（二）识别和评估额外的质量风险，调整已评估的质量风险或重新评估质量风险；

（三）设计和采取额外的应对措施，或调整已采取的应对措施。

第四节　治理和领导层

第四十九条　治理和领导层应当为质量管理体系的设计、实施和运行营造良好的环境，以为该体系提供支持。针对治理和领导层，会计师事务所应当设定下列质量目标：

（一）会计师事务所在全所范围内形成一种质量至上的文化，树立质量意识。这种文化认同和强调下列方面：

1.会计师事务所有责任通过持续高质量地执行业务服务于公众利益；

2.职业价值观、职业道德和职业态度的重要性；

3.会计师事务所所有人员都对其执行业务的质量承担责任，或对

质量管理体系中执行活动的质量承担责任，并且这些人员的行为应当
得当；

4.会计师事务所的战略决策和行动，包括会计师事务所在财务和
运营方面对优先事项的安排，都不能以牺牲质量为代价。

（二）会计师事务所领导层对质量负责。

（三）会计师事务所领导层通过实际行动展示其对质量的重视。

（四）会计师事务所领导层向会计师事务所人员传递质量至上的
执业理念，培育以质量为导向的文化。

（五）会计师事务所的组织结构以及对相关人员角色、职责、权
限的分配是恰当的，能够满足质量管理体系设计、实施和运行的
需要。

（六）会计师事务所的资源（包括财务资源）需求有计划，并且
资源的取得和分配能够保障会计师事务所履行其对质量的承诺。

第五十条　会计师事务所应当建立健全质量管理领导框架。本准
则附录提供了一个质量管理领导层示例。会计师事务所应当根据本所
及业务的具体情况，设计适合本所的质量管理领导层框架，明确责
任，并确保其切实有效地发挥作用。在设计时，会计师事务所可以参
照示例设定相关角色和职能，也可以对示例中的角色和职能进行适当
合并和调整，但应当涵盖对本所而言必要的所有角色和职能，并明确
落实到具体的岗位或人员。

第五十一条　会计师事务所领导层成员应当以身作则、率先垂
范，带头遵守质量管理体系中的各项政策和程序，不得干扰项目组按
照职业准则的要求执行业务、作出职业判断。

第五十二条　会计师事务所应当加强对合伙人晋升、培训、考
核、分配、转入、退出的管理，体现以质量为导向的文化，确保合伙
人能够按照质量管理体系的要求，切实履行其在质量管理方面的责

任，防范业务风险。

第五十三条　会计师事务所应当加强对其员工（包括外部转入人员）晋升合伙人的管理，综合考虑拟晋升人员的执业理念、职业价值观、职业道德、专业胜任能力和执业诚信记录，建立以质量为导向的晋升机制，不得以承接和执行业务的收入或利润作为晋升合伙人的首要指标。

会计师事务所应当针对合伙人晋升建立和实施质量一票否决制度。

第五十四条　会计师事务所应当在全所范围内统一进行合伙人考核和收益分配。会计师事务所对合伙人的考核和收益分配，应当综合考虑合伙人的执业质量、管理能力、经营业绩、社会声誉等指标，不得以承接和执行业务的收入或利润作为首要指标，不得直接或变相以分所、部门、合伙人所在团队作为利润中心进行收益分配。

第五节　相关职业道德要求

第五十五条　针对相关人员按照相关职业道德要求（包括独立性要求）履行职责，会计师事务所应当设定下列质量目标：

（一）会计师事务所及其人员充分了解规范会计师事务所及其业务的职业道德要求，并严格按照这些职业道德要求履行职责；

（二）受职业道德要求约束的其他组织或人员，包括网络、网络事务所、网络或网络事务所中的人员、服务提供商，充分了解与其相关的职业道德要求，并严格按照这些职业道德要求履行职责。

第五十六条　针对相关职业道德要求，会计师事务所应当制定下列政策和程序：

（一）识别、评价和应对对遵守相关职业道德要求的不利影响；

（二）识别、沟通、评价和报告任何违反相关职业道德要求的情况，并针对这些情况的原因和后果及时作出适当应对；

（三）至少每年一次向所有需要按照相关职业道德要求保持独立性的人员获取其已遵守独立性要求的书面确认。

第五十七条 会计师事务所应当按照相关职业道德要求，建立并完善与公众利益实体审计业务有关的关键审计合伙人轮换机制，明确轮换要求，确保做到实质性轮换，防止流于形式。

会计师事务所应当完善利益分配机制，保证全所的人力资源和客户资源实现一体化统筹管理，避免某合伙人或项目组的利益与特定客户长期直接挂钩，影响独立性。会计师事务所应当定期评价利益分配机制的设计和执行情况。

第五十八条 针对公众利益实体审计业务，会计师事务所应当对关键审计合伙人的轮换情况进行实时监控，通过建立关键审计合伙人服务年限清单等方式，管理关键审计合伙人相关信息，每年对轮换情况实施复核，并在全所范围内统一进行轮换。

第六节 客户关系和具体业务的接受与保持

第五十九条 针对客户关系和具体业务的接受与保持，会计师事务所应当设定下列质量目标：

（一）会计师事务所就是否接受或保持某项客户关系或具体业务所作出的判断是适当的，充分考虑了下列方面：

1.会计师事务所是否针对业务的性质和具体情况以及客户（包括客户的管理层和治理层）的诚信和道德价值观获取了足以支持上述判断的充分信息；

2.会计师事务所是否具备按照适用的法律法规和职业准则的规定执行业务的能力。

（二）会计师事务所在财务和运营方面对优先事项的安排，并不会导致对是否接受或保持客户关系或具体业务作出不恰当的判断。

第六十条 会计师事务所应当制定与下列情形相关的政策和

程序：

（一）会计师事务所在接受或保持某一客户关系或具体业务后知悉了某些信息，而这些信息如果在接受或保持该客户关系或具体业务之前知悉，将会导致其拒绝接受该客户关系或业务；

（二）根据法律法规的规定，会计师事务所有义务接受某项客户关系或具体业务。

第六十一条　会计师事务所应当在客户关系和具体业务的接受与保持方面树立风险意识，确保项目风险评估真实、到位。对于在客户关系和具体业务的接受与保持方面具有较高风险的客户，会计师事务所应当设计和实施专门的质量管理程序，如加强与前任注册会计师的沟通、与相关监管机构沟通、访谈拟承接客户以了解有关情况、加强内部质量复核等。

第六十二条　对于从其他会计师事务所转入人员带来的客户，会计师事务所应当严格执行与客户关系和具体业务的接受与保持相关的程序，审慎承接新客户。

第六十三条　会计师事务所应当制定政策和程序，针对客户关系和具体业务的接受与保持（如适用），在全所范围内统一决策。对于会计师事务所认定存在高风险的业务，应当经质量管理主管合伙人（或类似职位的人员）或其授权的人员审批。

在决策时，会计师事务所应当充分考虑相关职业道德要求、管理层和治理层（如适用）的诚信状况、业务风险以及是否具备执行业务必要的时间和资源，审慎作出承接与保持的决策。

第七节　业务执行

第六十四条　针对业务执行，会计师事务所应当设定下列质量目标：

（一）项目组了解并履行其与所执行业务相关的责任，包括项目合伙人对项目管理和项目质量承担总体责任，并充分、适当地参与项目全过程；

（二）基于项目的性质和具体情况、向项目组分配的资源以及项目组可获得的资源，对项目组进行的指导和监督以及对项目组已执行的工作进行的复核是恰当的，并且由经验较为丰富的项目组成员对经验较为缺乏的项目组成员的工作进行指导、监督和复核；

（三）项目组恰当运用职业判断并保持职业怀疑（如适用）；

（四）对困难或有争议的事项进行了咨询，并已按照达成的一致意见执行；

（五）项目组内部、项目组与项目质量复核人员之间（如适用），以及项目组与会计师事务所内负责执行质量管理体系相关活动的人员之间存在的意见分歧，能够得到会计师事务所的关注并予以解决；

（六）业务工作底稿能够在业务报告日之后及时得到整理，并得到妥善的保存和维护，以遵守法律法规、相关职业道德要求和其他职业准则的规定，并满足会计师事务所自身的需要。

第六十五条　会计师事务所应当就项目质量复核制定政策和程序，并对下列业务实施项目质量复核：

（一）上市实体财务报表审计业务；

（二）法律法规要求实施项目质量复核的审计业务或其他业务；

（三）会计师事务所认为，为应对一项或多项质量风险，有必要实施项目质量复核的审计业务或其他业务。

第六十六条　会计师事务所应当制定政策和程序，在全所范围内统一委派具有足够专业胜任能力、时间，并且无不良执业诚信记录的项目合伙人执行业务。其中，对专业胜任能力的评价应当包括下列方面：

（一）该人员是否充分了解相关法律法规和监管要求；

（二）该人员是否能够熟练掌握和运用相关职业准则的规定；

（三）该人员是否充分了解客户所在行业的业务特点、发展趋势、重大风险，以及该行业对信息技术的运用情况等。

会计师事务所应当按照质量管理体系的要求对上述委派进行复核。

第六十七条　会计师事务所应当制定与内部复核相关的政策和程序，对内部复核的层级、各层级的复核范围、执行复核的具体要求以及对复核的记录要求等作出规定。

第六十八条　会计师事务所应当制定与解决意见分歧相关的政策和程序，包括下列方面：

（一）明确要求项目合伙人和项目质量复核人员（如有）复核并评价项目组是否已就疑难问题或涉及意见分歧的事项进行适当咨询，以及咨询得出的结论是否得到执行。

（二）明确要求在业务工作底稿中适当记录意见分歧的解决过程和结论。如果项目质量复核人员（如有）、项目组成员以外的其他人员参与形成业务报告中的专业意见，也应当在业务工作底稿中作出适当记录。

（三）确保所执行的项目在意见分歧解决后才能出具业务报告。

第六十九条　会计师事务所应当制定与出具业务报告相关的政策和程序，要求业务报告在出具前，应当经项目合伙人、项目质量复核人员（如有）复核确认，确保其内容、格式符合职业准则的规定，并由项目合伙人及其他适当的人员（如适用）签署。

第七十条　会计师事务所应当加强对业务报告签发过程的控制，委派专门人员负责对报告的签章进行严格管理。

第七十一条　会计师事务所应当制定政策和程序，以接收、调查、解决由于未能按照适用的法律法规、职业准则的要求执行业务，或由于未能遵守会计师事务所按照本准则要求制定的政策和程序，而引发的投诉和指控。

第八节　资源

第七十二条　会计师事务所应当设定下列质量目标，以及时且适当地获取、开发、利用、维护和分配资源，支持质量管理体系的设计、实施和运行：

（一）会计师事务所招聘、培养和留住在下列方面具备胜任能力的人员：

1.具备与会计师事务所执行的业务相关的知识和经验，能够持续高质量地执行业务；

2.执行与质量管理体系运行相关的活动或承担与质量管理体系相关的责任。

（二）会计师事务所人员通过其行为展示出对质量的重视不断培养和保持适当的胜任能力以履行其职责。会计师事务所通过及时的业绩评价、薪酬调整、晋升和其他奖惩措施对这些人员进行问责或认可。

（三）当会计师事务所在质量管理体系的运行方面缺乏充分、适当的人员时，能够从外部（如网络、网络事务所或服务提供商）获取必要的人力资源支持。

（四）会计师事务所为每项业务分派具有适当胜任能力的项目合伙人和其他项目组成员，并保证其有充足的时间持续高质量地执行业务。

（五）会计师事务所分派具有适当胜任能力的人员执行质量管理体系内的各项活动，并保证其有充足的时间执行这些活动。

（六）会计师事务所获取、开发、维护、利用适当的技术资源，以支持质量管理体系的运行和业务的执行。

（七）会计师事务所获取、开发、维护、利用适当的知识资源，以为质量管理体系的运行和高质量业务的持续执行提供支持，并且这些知识资源符合相关法律法规（如适用）和职业准则的规定。

（八）结合上述第（四）项至第（七）项所述的质量目标，从服务提供商获取的人力资源、技术资源或知识资源能够适用于质量管理体系的运行和业务的执行。

第七十三条 会计师事务所应当投入足够资源打造一支专业性强、经验丰富、运作规范的质量管理体系团队，以维持质量管理体系的日常运行。

第七十四条 会计师事务所应当建立与专业技术支持相关的政策和程序，配备具备相应专业胜任能力、时间和权威性的技术支持人员，确保相关业务能够获得必要的专业技术支持。

第七十五条 会计师事务所应当建立和运行完善的工时管理系统，确保相关人员投入足够的时间执行业务，并为业绩评价提供依据。

第七十六条 会计师事务所应当建立和完善与业务操作规程、业务软件等有关的指引，把职业准则的要求从实质上执行到位，避免执业人员仅简单勾画程序表格、未实质性执行程序、程序与目标不一致、程序执行不到位、业务工作底稿记录不完整等问题，确保执业人员恰当记录判断过程、程序执行情况及得出的结论。

第九节 信息与沟通

第七十七条 针对获取、生成和利用与质量管理体系有关的信息，并及时在会计师事务所内部或与外部各方沟通信息，会计师事务所应当设定下列质量目标，以支持质量管理体系的设计、实施和运行：

（一）会计师事务所的信息系统能够识别、获取、处理和维护来自内部或外部的相关、可靠的信息，为质量管理体系提供支持。

（二）会计师事务所的文化认同并强化会计师事务所人员与会计师事务所之间，以及这些人员彼此之间交换信息的责任。

（三）会计师事务所内部以及各项目组之间能够交换相关、可靠的信息，包括：

1.会计师事务所向相关人员和项目组传递信息，传递的性质、时间安排和范围足以使其理解和履行与执行业务或质量管理体系各项活动相关的责任；

2.会计师事务所人员和项目组在执行业务或质量管理体系各项活动的过程中向会计师事务所传递信息。

（四）会计师事务所向外部各方传递相关、可靠的信息，包括：

1.会计师事务所向网络、在网络中或向服务提供商（如有）传递信息，使该网络或服务提供商能够履行其与网络要求、网络服务或提供资源相关的责任；

2.会计师事务所根据相关法律法规或职业准则的规定向外部传递信息，或为了帮助外部各方了解质量管理体系而向外部传递信息。

第七十八条　会计师事务所应当制定与下列方面相关的政策和程序：

（一）会计师事务所在执行上市实体财务报表审计业务时，应当与治理层沟通质量管理体系是如何为持续高质量地执行业务提供支撑的；

（二）会计师事务所在何种情况下向外部各方沟通与质量管理体系相关的信息是适当的；

（三）会计师事务所按照上述第（一）项和第（二）项的规定进行外部沟通时应当沟通哪些信息，以及沟通的性质、时间安排、范围和适当形式。

第十节 监控和整改程序

第七十九条 会计师事务所应当建立在全所范围内统一的监控和整改程序，并开展实质性监控，以实现下列质量目标：

（一）就质量管理体系的设计、实施和运行情况提供相关、可靠、及时的信息；

（二）采取适当的行动以应对识别出的质量管理体系的缺陷，以使该缺陷能够及时得到整改。

第八十条 会计师事务所应当设计和实施监控活动，包括定期和持续的监控活动，以为识别质量管理体系的缺陷奠定基础。

第八十一条 在确定监控活动的性质、时间安排和范围时，会计师事务所应当考虑下列方面：

（一）相关质量风险的评估结果及得出该评估结果的理由；

（二）应对措施的设计；

（三）会计师事务所风险评估程序以及监控和整改程序的设计；

（四）质量管理体系发生的变化；

（五）以前实施监控活动的结果，包括以前实施的监控活动是否仍然与评价质量管理体系相关，以及为应对以前识别出的缺陷所采取的整改措施是否有效；

（六）其他相关信息，包括：由于未能按照适用的法律法规、职业准则执行业务，或者由于未能遵守会计师事务所的政策和程序而引发的投诉或指控；从外部检查和服务提供商获取的信息。

第八十二条 会计师事务所的监控活动应当包括对已完成项目的检查，并应当确定选择哪些项目和哪些项目合伙人进行检查。在确定时，会计师事务所应当考虑下列方面：

（一）本准则第八十一条第（一）项至第（六）项；

（二）会计师事务所实施的其他监控活动的性质、时间安排和范围，以及这些监控活动所针对的项目和项目合伙人；

（三）周期性地选取已完成的项目进行检查。在每个周期内，对每个项目合伙人，至少选择一项已完成的项目进行检查。对承接上市实体审计业务的每个项目合伙人，检查周期最长不得超过三年。

第八十三条　会计师事务所应当制定下列政策和程序：

（一）要求执行监控活动的人员具备有效执行监控活动所必需的胜任能力、时间和权威性；

（二）要求执行监控活动的人员具备客观性，这些政策和程序应当禁止项目组成员或项目质量复核人员参与对该项目的任何检查。

第八十四条　会计师事务所应当评价发现的情况，以确定是否存在缺陷，包括监控和整改程序中的缺陷。

第八十五条　会计师事务所应当通过下列方法评价识别出的缺陷的严重程度和广泛性：

（一）调查所识别出的缺陷的根本原因。在确定用于调查根本原因的程序的性质、时间安排和范围时，会计师事务所应当考虑这些识别出的缺陷的性质和可能的严重程度；

（二）评价这些识别出的缺陷单独或累积起来对质量管理体系的影响。

第八十六条　会计师事务所应当根据对根本原因的调查结果，设计和采取整改措施，以应对识别出的缺陷。

第八十七条　对监控和整改程序的运行承担责任的人员应当评价整改措施是否得到恰当的设计，以应对识别出的缺陷及其根本原因，并确定这些程序是否已得到实施。该人员还应当评价针对以前识别出的缺陷采取的整改措施是否有效。

第八十八条　如果上述评价表明整改措施并未得到恰当的设计和执行，或未达到预期效果，则对监控和整改程序的运行承担责任的人员应当采取适当措施以确保对这些整改措施已作出必要调整以使其能够达到预期效果。

第八十九条　如果发现的情况表明某项业务在执行过程中遗漏了应当实施的程序，或者出具的报告可能不适当，会计师事务所应当予以应对。会计师事务所采取的应对措施应当包括下列方面：

（一）采取适当行动，以遵守适用的法律法规和职业准则的规定；

（二）当认为出具的报告不适当时，考虑其影响并采取适当的行动，包括考虑是否需要征询法律意见。

第九十条　对监控和整改程序的运行承担责任的人员，应当及时与对质量管理体系承担最终责任的人员（即主要负责人），以及对质量管理体系的运行承担责任的人员沟通下列事项：

（一）对已执行的监控活动的描述；

（二）识别出的缺陷，包括这些缺陷的严重程度和广泛性；

（三）针对识别出的缺陷采取的整改措施。

第九十一条　会计师事务所应当就本准则第九十条第（一）项至第（三）项规定的事项与项目组以及在质量管理体系中承担相关责任的其他人员沟通，以使项目组和这些人员能够根据其职责迅速采取恰当行动。

第九十二条　会计师事务所应当制定政策和程序，针对监控中发现的缺陷的性质和影响，对相关人员进行问责。这种问责应当与相关责任人员的考核、晋升和薪酬挂钩。对执业中存在重大缺陷的项目合伙人，会计师事务所应当对其是否具备从事相关业务的职业道德水平和专业胜任能力作出评价。

第九十三条　会计师事务所应当就监控的实施情况，发现的缺陷，评价、补救和改进措施、问责等形成监控报告。存在缺陷的，应当及时修订完善质量管理体系。

第十一节 网络要求或网络服务

第九十四条 如果会计师事务所属于某一网络，会计师事务所应当了解下列事项（如适用）：

（一）网络对会计师事务所质量管理体系的要求，包括要求会计师事务所实施或利用由该网络设计、提供或推行的资源或服务（即网络要求）；

（二）由网络提供的，供会计师事务所在设计、实施或运行其质量管理体系时选择实施或利用的服务或资源（即网络服务）；

（三）针对会计师事务所为执行网络要求或利用网络服务所采取的必要行动，会计师事务所应当承担的责任。

会计师事务所仍然应当对其质量管理体系负责，包括对设计、实施和运行该质量管理体系过程中作出的职业判断负责。会计师事务所不得因遵守网络要求或利用网络服务而违反本准则的规定。

第九十五条 基于对本准则第九十四条第（一）项至第（三）项的了解，会计师事务所应当采取下列措施：

（一）确定网络要求或网络服务如何与会计师事务所质量管理体系相关，以及如何在该体系中加以考虑，包括这些要求或服务将如何实施；

（二）评价会计师事务所是否需要对这些网络要求或网络服务加以调整或补充，以满足本所质量管理体系的需要；

（三）如果需要对这些网络要求或网络服务加以调整或补充，考虑如何调整或补充。

第九十六条 当由网络执行与会计师事务所质量管理体系有关的监控活动时，会计师事务所应当：

（一）确定由网络执行的监控活动对会计师事务所按照本准则第八十条至第八十二条的规定执行的监控活动的性质、时间安排和范围的影响；

（二）确定会计师事务所与该监控活动相关的责任，包括会计师事务所需要采取的相关行动；

（三）及时从网络获取其实施监控活动的结果，以作为会计师事务所按照本准则第八十四条的规定评价监控活动发现的情况并识别缺陷的一部分。

第九十七条　对于网络针对本网络中所有事务所实施的监控活动，会计师事务所应当：

（一）了解该类监控活动的总体范围，包括为确定网络要求已在网络事务所之间得到恰当执行而实施的监控活动，以及网络将如何向会计师事务所沟通实施监控活动的结果。

（二）至少每年一次从网络获取该类监控活动的总体结果的相关信息（如可行），并采取下列措施：

1.将这些信息传递给各项目组以及在质量管理体系中承担各项责任的其他人员（如适用），以使项目组和这些人员能够根据其责任迅速采取恰当的行动；

2.考虑这些信息对本所质量管理体系的影响。

第九十八条　如果会计师事务所识别出网络要求或网络服务中的缺陷，应当采取下列措施：

（一）就与已识别出的缺陷相关的信息与网络沟通；

（二）按照本准则第八十六条的规定，设计和采取整改措施，以应对网络要求或网络服务中识别出的缺陷的影响。

第十三节　评价质量管理体系

第九十九条　对质量管理体系承担最终责任的人员（即主要负责人）应当代表会计师事务所对质量管理体系进行评价。该评价应当以某一时点为基准，并且应当至少每年一次。

第一百条　基于上述评价，对质量管理体系承担最终责任的人员（即主要负责人）应当代表会计师事务所得出下列结论中的一项：

（一）质量管理体系能够向会计师事务所合理保证该体系的目标得以实现；

（二）质量管理体系的设计、实施和运行存在严重但不具有广泛影响的缺陷，除与这些缺陷相关的事项外，质量管理体系能够向会计师事务所合理保证该体系的目标得以实现；

（三）质量管理体系不能向会计师事务所合理保证该体系的目标得以实现。

第一百零一条　如果对质量管理体系承担最终责任的人员（即主要负责人）得出本准则第一百条第（二）项或第（三）项结论，会计师事务所应当采取下列措施：

（一）迅速采取适当行动；

（二）与各项目组以及在质量管理体系中承担相关责任的其他人员就与其责任相关的事项进行沟通；

（三）按照会计师事务所根据本准则第七十八条的规定制定的政策和程序，与外部各方沟通。

第一百零二条　会计师事务所应当定期对下列人员进行业绩评价：

（一）对质量管理体系承担最终责任的人员（即主要负责人）；

（二）对质量管理体系承担运行责任的人员；

（三）对质量管理体系特定方面承担运行责任的人员。

在进行业绩评价时，会计师事务所应当考虑对质量管理体系的评价结果。

第十四节　对质量管理体系的记录

第一百零三条　会计师事务所应当对其质量管理体系进行记录，

以满足下列要求：

（一）为会计师事务所人员对质量管理体系的一致理解提供支持，包括理解其在质量管理体系和业务执行中的角色和责任；

（二）为质量管理体系的持续实施和运行提供支持；

（三）为应对措施的设计、实施和运行提供证据，以支持对质量管理体系承担最终责任的人员（即主要负责人）对质量管理体系进行评价。

第一百零四条　会计师事务所应当就下列方面形成工作记录：

（一）对质量管理体系承担最终责任的人员（即主要负责人）和对质量管理体系承担运行责任的人员各自的身份。

（二）会计师事务所的质量目标和质量风险。

（三）对应对措施的描述以及这些措施是如何应对质量风险的。

（四）监控和整改程序，包括下列方面：

1.已执行监控活动的证据；

2.对发现的情况、识别出的缺陷、缺陷的根本原因作出的评价；

3.为应对识别出的缺陷而采取的整改措施，以及对这些整改措施在设计和执行方面的评价；

4.与监控和整改程序相关的沟通。

（五）根据本准则第一百条的规定得出结论的依据。

第一百零五条　会计师事务所应当记录本准则第一百零四条所规定的方面中与网络要求、网络服务相关的事项，以及按照本准则第九十五条第（二）项和第（三）项的规定，与对网络要求或网络服务进行评价相关的事项。

第一百零六条　会计师事务所应当规定质量管理体系工作记录的保存期限，该期限应当涵盖足够长的期间，以使会计师事务所能够监控质量管理体系的设计、实施和运行情况。如果法律法规要求更长的期限，应当遵守法律法规的要求。

附录（参见本准则第五十条）

质量管理领导层示例

本示例旨在为会计师事务所建立健全质量管理领导层框架提供参考，并不强制要求会计师事务所按照本示例设计其质量管理领导层框架。实务中，会计师事务所应当根据本所及其业务的具体情况设计适合本所的质量管理领导框架，以明确责任，并确保其切实有效地发挥作用。在本示例框架下，会计师事务所质量管理领导层包括主要负责人、质量管理主管合伙人、职业道德主管合伙人、独立性主管合伙人、各业务条线的主管合伙人、监控和整改主管合伙人等角色。如无特别说明，本示例中的各个角色包括在该角色授权下承担相关责任的人员。

一、主要负责人

会计师事务所主要负责人（如首席合伙人、主任会计师或者同等职位的人员，下同）对会计师事务所的质量管理体系承担最终责任，并履行下列职责：

1.提名或委任会计师事务所质量管理领导层的其他成员，保障其具备充分的时间、资源、胜任能力和权限履行职责，并对其进行指导、监督、评价和问责；

2.建立并有效运行以质量为导向的合伙人管理机制；

3.合理保证质量管理体系健全并在会计师事务所全所范围内有效运行；

4.通过审核与监控和整改程序相关的报告等方式，每年至少一次对质量管理体系作出评价，并定期评价相关人员的业绩，落实问责和整改措施；

5.领导并决定对质量管理具有重大影响的其他事项。

二、质量管理主管合伙人

质量管理主管合伙人（或同等职位的人员）具体负责质量管理体系的设计、实施和运行，并履行下列职责：

1.建立、完善并有效运行会计师事务所质量管理政策和程序，确保会计师事务所持续满足法律法规、职业准则和监管要求；

2.全面参与业务质量管理决策，形成工作记录；

3.对监控和整改程序的运行提供督导，就质量管理存在的问题提出整改措施，并向主要负责人报告；

4.就与重大风险相关的事项提供咨询；

5.会计师事务所其他质量管理职责。

如果会计师事务所成立质量管理委员会或类似机构履行质量管理主管合伙人的职责，该委员会的主任委员或类似职位的成员可以参照质量管理主管合伙人承担领导责任。

三、职业道德主管合伙人

职业道德主管合伙人（或同等职位的人员）具体负责会计师事务所与职业道德有关的事务，并履行下列职责：

1.制定与职业道德相关的工作计划以及与该计划相关的年度绩效目标，并对职业道德计划的所有方面承担明确的责任；

2.根据相关职业道德要求，建立、完善并有效运行与职业道德相关的政策和程序，包括与违反职业道德后果相关的政策和程序，以确保会计师事务所持续满足相关职业道德要求；

3.计划和组织针对全体合伙人、执业人员以及其他人员的职业道德培训，以增强这些人员对职业道德和职业价值观的认识和理解；

4.建立专门的渠道，供会计师事务所所有人员就职业道德相关问题进行咨询和报告职业道德相关事项和情况，并对这些咨询和报告保密；

5.建立与解决具体职业道德问题相关的流程，确保能够恰当应对所有已识别出的职业道德问题；

6.向主要负责人报告所有与职业道德相关的重大事项；

7.获取会计师事务所所有人员就其遵守职业道德情况的确认，包括已阅读并了解相关职业道德要求，以及是否存在违反相关职业道德要求的情况等；

8.至少每年一次向主要负责人报告与职业道德相关的政策和程序、事件和结果，以及后续计划；

9.会计师事务所其他职业道德管理职责。

四、独立性主管合伙人

独立性主管合伙人（或同等职位的人员）具体负责会计师事务所与审计、审阅和其他鉴证业务独立性有关的事务，并履行下列职责：

1.统筹会计师事务所所有与独立性相关的重大事项，包括设计、实施、运行、监督与维护与独立性相关的监控程序；

2.建立和完善与独立性相关的咨询机制，保证提供咨询的人员具备适当的时间、经验、专业胜任能力、客观性、权威性和判断能力；

3.建立和维护相关信息系统，以提供会计师事务所人员禁止投资清单、受限制实体清单、关键审计合伙人执业年限清单等信息，并制定相关政策和程序，以确保这些信息真实、准确和完整；

4.指导、监督和复核会计师事务所独立性相关政策和程序的运行情况；

5.就独立性相关事务开展监控活动；

6.至少每年一次向主要负责人报告与独立性相关的重大事项，如会计师事务所开展独立性监控活动的结果、违反独立性要求的情况、即将实施的独立性政策、法律法规和相关职业道德要求的变化情况、就违反独立性情况作出的处分等；

7.及时识别法律法规、职业准则、监管机构对适用的独立性要求作出的修订，并考虑是否更新会计师事务所相关流程。

会计师事务所可以根据本所的实际需要，将职业道德主管合伙人和独立性主管合伙人的职责进行合并。

五、各业务条线的主管合伙人

会计师事务所可以根据本所业务的实际情况和质量管理的需要划分业务条线，例如，可以根据业务的性质，客户所处行业或地区等划分业务条线。各业务条线的主管合伙人负责所主管业务的总体质量，并履行以下职责：

1.确定本业务条线相关计划，包括资源的需求、获取和分配计划，并合理地获取和分配资源；

2.督导项目合伙人有效执行质量管理体系中的政策和程序，并遵守相关职业道德要求；

3.委派或授权他人委派具有足够专业胜任能力、时间与良好诚信记录的项目合伙人执行业务；

4.按照会计师事务所内部规定参与本业务条线中有关业务质量的重大事项的讨论以及意见分歧的解决，发表意见并形成工作记录；

5.会计师事务所其他质量管理职责。

如果会计师事务所建立业务条线管理委员会或类似机构履行业务条线主管合伙人职责，该委员会的主任委员或类似职位的成员需要参照业务条线主管合伙人承担领导责任。

六、监控和整改主管合伙人

监控和整改主管合伙人（或同等职位的人员）对质量管理体系"监控和整改"要素的运行承担责任，包括下列职责：

1.领导与监控和整改相关的政策和程序的设计、实施和运行，并提供适当督导；

2. 领导业务检查和其他监控活动的设计、实施和运行工作，并提供适当督导；

3. 就业务检查和其他监控活动的结果与主要负责人和质量管理体系中的相关负责人进行及时沟通；

4. 会计师事务所其他监控和整改管理职责。

会计师事务所质量管理准则第5102号
——项目质量复核
（2020年11月19日发布）

第一章　总则

第一条　为了规范项目质量复核人员的委派和资质要求，以及项目质量复核人员在实施和记录项目质量复核方面的责任，制定本准则。

第二条　本准则适用于按照《会计师事务所质量管理准则第5101号——业务质量管理》的规定需要实施项目质量复核的所有项目。

会计师事务所受《会计师事务所质量管理准则第5101号——业务质量管理》的约束，是本准则的适用前提。

会计师事务所在使用本准则时，需要同时考虑相关职业道德要求。

第三条　根据本准则的规定实施的项目质量复核，属于会计师事务所按照《会计师事务所质量管理准则第5101号——业务质量管理》的规定设计和实施的一项应对措施。项目质量复核由项目质量复核人员在项目层面代表会计师事务所实施。

第四条　项目质量复核人员按照本准则要求实施的程序的性质、

时间安排和范围，因项目或客户的性质和具体情况而异。例如，如果某一项目需要项目组作出的重大职业判断较少，则项目质量复核人员需要执行的程序可能较为简单。

第五条 《会计师事务所质量管理准则第 5101 号——业务质量管理》规范了会计师事务所设计、实施和运行质量管理体系的责任，该准则要求会计师事务所设计和采取应对措施以应对质量风险，应对措施的性质、时间安排和范围取决于相关质量风险的评估结果及得出该评估结果的理由。该准则明确规定了一些应对措施，要求会计师事务所制定与项目质量复核相关的政策和程序，即为其中的一项。

第六条 会计师事务所负责设计、实施和运行质量管理体系。根据《会计师事务所质量管理准则第 5101 号——业务质量管理》的规定，会计师事务所的目标是，针对所执行的财务报表审计业务、财务报表审阅业务、其他鉴证业务和相关服务业务，设计、实施和运行质量管理体系，为会计师事务所在下列方面提供合理保证：

（一）会计师事务所及其人员按照适用的法律法规和职业准则的规定履行职责，并根据这些规定执行业务；

（二）会计师事务所和项目合伙人出具适合具体情况的报告。

第七条 根据《会计师事务所质量管理准则第 5101 号——业务质量管理》的规定，会计师事务所持续高质量地执行业务是服务公众利益的内在要求。设计、实施和运行质量管理体系可以使会计师事务所能够持续高质量地执行业务。实现业务的高质量，需要会计师事务所执业人员按照适用的法律法规和职业准则的规定计划和执行业务并出具报告。遵守适用的法律法规的规定并实现职业准则的目标需要运用职业判断，针对某些类型的业务，还需要运用职业怀疑。

第八条 项目质量复核是对项目组作出的重大判断和据此得出的结论作出的客观评价。项目质量复核人员对重大判断的评价是在适用的法律法规和职业准则框架下作出的。然而，项目质量复核并不旨在评价整个项目是否遵守了适用的法律法规和职业准则的规定，或者会计师事务所的政策和程序。

第九条　项目质量复核人员不是项目组成员。执行项目质量复核，并不改变项目合伙人对项目实施质量管理以高质量执行业务的责任，以及对项目组成员进行指导和监督并复核其工作的责任。项目质量复核人员并不需要获取证据以支持项目的意见或结论，但是，项目组在回应项目质量复核过程中提出的问题时可能获取进一步证据。

第十条　本准则规定了会计师事务所的目标，以及会计师事务所和项目质量复核人员为实现这些目标而需要满足的要求。本准则还提供了相关术语的定义。此外，本准则的应用指南对正确理解和执行本准则中的相关条款提供了进一步解释和指引。

第二章　定义

第十一条　项目质量复核，是指在报告日或报告日之前，项目质量复核人员对项目组作出的重大判断及据此得出的结论作出的客观评价。

第十二条　项目质量复核人员，是指会计师事务所中实施项目质量复核的合伙人或其他类似职位的人员，或者由会计师事务所委派实施项目质量复核的外部人员。

第十三条　相关职业道德要求，是指注册会计师在执行项目质量复核时应当遵守的职业道德原则和要求，包括独立性要求（如适用）。

第三章　目标

第十四条　会计师事务所的目标是，委派符合相关资质要求的项目质量复核人员,对项目组作出的重大判断和据此得出的结论作出客观评价。

第四章 要求

第一节 运用和遵守相关要求

第十五条 会计师事务所和项目质量复核人员应当了解本准则及应用指南的全部内容,以正确理解本准则的目标并恰当遵守其要求。

第十六条 会计师事务所和项目质量复核人员(如适用)应当遵守本准则的每项要求,除非某项要求与项目的具体情况不相关。

第十七条 恰当遵守本准则的要求旨在为实现本准则的目标奠定充分基础。然而,如果认为遵守某些要求不能为实现本准则的目标奠定充分基础,会计师事务所或项目质量复核人员(如适用)应当采取进一步措施以实现本准则的目标。

第二节 项目质量复核人员的委派和资质要求

第十八条 会计师事务所应当制定政策和程序,要求将委派项目质量复核人员的职责分配给会计师事务所内具有履行该职责所需的胜任能力及适当权威性的人员。这些政策和程序应当要求该人员在全所范围内(包括分所或分部)统一委派项目质量复核人员。

第十九条 会计师事务所应当制定政策和程序,以明确项目质量复核人员的任职资质要求。这些政策和程序应当要求项目质量复核人员不得作为项目组成员,并且应当同时满足下列条件:

(一)具备适当的胜任能力,包括充足的时间和适当的权威性以实施项目质量复核。项目质量复核人员的胜任能力应当至少与项目合伙人相当。

(二)遵守相关职业道德要求,包括与项目质量复核人员如何应对对其客观性和独立性产生的不利影响相关的职业道德要求，并在实施项目质量复核时保持独立、客观、公正。

（三）遵守与项目质量复核人员任职资质要求相关的法律法规规定（如有）。

第二十条　会计师事务所内部的项目质量复核人员应当是合伙人或类似职位的人员，且在面对来自项目合伙人或会计师事务所内部其他人员的压力时能够坚持原则。项目质量复核人员也可能是会计师事务所委派的外部人员。

第二十一条　会计师事务所根据本准则第十九条第（二）项的规定制定的政策和程序，应当涵盖前任项目合伙人被委任为项目质量复核人员而对其客观性产生不利影响的情形。这些政策和程序应当规定一段冷却期，并要求在冷却期结束之前，前任项目合伙人不得担任该项目的项目质量复核人员。中国注册会计师职业道德守则针对公众利益实体审计和审阅业务的冷却期作出了明确规定，前任项目合伙人应当遵守该规定，对于公众利益实体审计和审阅业务以外的其他情形，冷却期应当至少为两年。

第二十二条　会计师事务所应当制定政策和程序，规定在为某一项目具体委派项目质量复核人员时，应当充分考虑拟委派人员的胜任能力和客观性。除非出现特殊情况，应当尽量避免在同一年度内需要实施项目质量复核的两个项目之间交叉实施项目质量复核，即由某一项目的项目合伙人对另一项目实施项目质量复核，同时由后者的项目合伙人对前者实施项目质量复核。

第二十三条　会计师事务所应当制定政策和程序，以明确为项目质量复核人员提供协助的人员的任职资质要求。这些政策和程序应当规定，为项目质量复核人员提供协助的人员不得作为项目组成员，并且应当同时满足下列条件：

（一）具备适当的胜任能力，包括充足的时间，以履行对其分配的职责；

（二）遵守相关法律法规的规定（如有）和相关职业道德要求，其中，相关职业道德要求包括与该人员如何应对对其客观性和独立性产生的不利影响相关的职业道德要求。

第二十四条　会计师事务所应当制定与下列方面相关的政策和程序：

（一）要求项目质量复核人员对实施项目质量复核承担总体责任；

（二）针对为项目质量复核提供协助的人员，要求项目质量复核人员负责确定对该等人员进行指导和监督，以及对该等人员的工作进行复核的性质、时间安排和范围。

第二十五条　会计师事务所应当制定政策和程序，以应对项目质量复核人员不再符合其任职资质要求的情况，并采取适当的措施，包括如何识别这种情况，以及如何委任一位替代者。

第二十六条　当项目质量复核人员意识到其不再符合任职资质要求时，应当通知会计师事务所适当人员，并采取下列措施：

（一）如果项目质量复核尚未开始，不再承担项目质量复核责任；

（二）如果项目质量复核已经开始实施，立即停止实施项目质量复核。

第三节　实施项目质量复核

第二十七条　针对项目质量复核的实施，会计师事务所应当制定与下列方面相关的政策和程序：

（一）项目质量复核人员有责任根据本准则第二十八条至第二十九条的规定，在项目的适当时点实施复核程序，以为客观评价项目组作出的重大判断和据此得出的结论奠定适当基础；

（二）项目合伙人与项目质量复核相关的责任，包括禁止项目合伙人在收到项目质量复核人员按照本准则第三十条的规定就已完成项目质量复核发出的通知前签署报告；

（三）项目组与项目质量复核人员就某项重大判断进行讨论的性质和范围对项目质量复核人员的客观性产生不利影响的情形，以及在这些情形下需要采取的适当行动。

第二十八条　在实施项目质量复核时，项目质量复核人员应当实施下列程序：

（一）阅读并了解下列信息：

1.与项目组就项目和客户的性质和具体情况进行沟通获取的信息；

2.与会计师事务所就监控和整改程序进行沟通获取的信息，特别是针对可能与项目组的重大判断相关或影响该重大判断的领域识别出的缺陷进行的沟通。

（二）与项目合伙人及其他项目组成员（如适用）讨论重大事项，以及在项目计划、实施和报告时作出的重大判断。

（三）基于从上述第（一）项和第（二）项程序获取的信息，选取部分与项目组作出的重大判断相关的业务工作底稿进行复核，并评价下列方面：

1.作出这些重大判断的依据，包括项目组对职业怀疑的运用（如适用）；

2.业务工作底稿能否支持得出的结论；

3.得出的结论是否恰当。

（四）对于财务报表审计业务，评价项目合伙人确定独立性要求已得到遵守的依据。

（五）评价是否已就疑难问题或争议事项、涉及意见分歧的事项进行适当咨询，并评价咨询得出的结论。

（六）对于财务报表审计，评价项目合伙人确定下列方面的依据：

1.项目合伙人对整个审计过程的参与程度是充分、适当的；

2.项目合伙人能够确定作出的重大判断和得出的结论适合项目的性质和具体情况。

（七）对下列方面实施复核：

1.对于财务报表审计，复核被审计财务报表和审计报告，以及审计报告中对关键审计事项的描述（如适用）；

2.对于财务报表审阅，复核被审阅财务报表或财务信息，以及拟出具的审阅报告；

3.对于财务报表审计和审阅以外的其他鉴证业务或相关服务业务，复核业务报告和鉴证对象信息（如适用）。

第二十九条　如果项目质量复核人员怀疑项目组作出的重大判断或据此得出的结论并不恰当，应当告知项目合伙人。如果这一怀疑不能得到使项目质量复核人员满意的解决，项目质量复核人员应当通知会计师事务所内部的适当人员项目质量复核无法完成。

第三十条　项目质量复核人员应当确定是否遵守了本准则中与实施项目质量复核相关的要求，以及项目质量复核是否已完成。如果是，项目质量复核人员应当签字确认并通知项目合伙人项目质量复核已完成。

第四节　工作底稿

第三十一条　会计师事务所应当制定政策和程序，要求项目质量复核人员负责就项目质量复核形成工作底稿。

第三十二条　会计师事务所应当制定政策和程序，要求项目质量复核人员的工作底稿符合本准则第三十三条的规定，并将该工作底稿包括在业务工作底稿中。

第三十三条　项目质量复核人员应当确定对项目质量复核形成的

工作底稿足以使未曾接触该项目的、有经验的执业人员了解项目质量复核人员以及对项目质量复核提供协助的人员（如适用）所执行程序的性质、时间安排和范围，以及在实施复核的过程中得出的结论。项目质量复核人员还应当确定项目质量复核工作底稿中包括下列方面：

（一）项目质量复核人员及协助人员的姓名；

（二）已复核的业务工作底稿的识别特征；

（三）项目质量复核人员根据本准则第三十条的规定作出确定的依据；

（四）按照本准则第二十九条至第三十条的规定进行的通知；

（五）完成项目质量复核的日期。

中国注册会计师审计准则第1121号
——对财务报表审计实施的质量管理
（2020年11月19日修订）

第一章　总则

第一条　为了规范注册会计师在项目层面对财务报表审计实施质量管理的具体责任，以及项目合伙人与之相关的责任，制定本准则。

第二条　注册会计师在使用本准则时，需要同时考虑相关职业道德要求。

第三条　会计师事务所负责设计、实施和运行质量管理体系。根据《会计师事务所质量管理准则第5101号——业务质量管理》的规定，会计师事务所的目标是，针对所执行的财务报表审计业务、财务报表审阅业务、其他鉴证业务和相关服务业务，设计、实施和运行质量管理体系，为会计师事务所在下列方面提供合理保证：

（一）会计师事务所及其人员按照适用的法律法规和职业准则的规定履行职责，并根据这些规定执行业务；

（二）会计师事务所和项目合伙人出具适合具体情况的报告。

第四条　会计师事务所受《会计师事务所质量管理准则第5101号——业务质量管理》和《会计师事务所质量管理准则第5102号——项目质量复核》的约束，是本准则的适用前提。

第五条　审计项目组在项目合伙人的领导下，在会计师事务所质量管理体系的框架下，通过遵守本准则的要求，承担下列责任：

（一）利用会计师事务所传递或从会计师事务所获取的信息，实施会计师事务所政策和程序所要求的、适用于该审计项目的应对措施，以应对质量风险；

（二）考虑审计项目的性质和具体情况，确定除会计师事务所的政策和程序外，是否需要在项目层面设计和采取其他应对措施；

（三）与会计师事务所沟通来自审计项目的信息，或按照会计师事务所的政策和程序应予沟通的信息，以支持会计师事务所质量管理体系的设计、实施和运行。

第六条　遵守其他中国注册会计师审计准则的要求，可能能够为项目层面实施质量管理提供相关的信息。

第七条　对于每项审计业务，注册会计师都实现本准则及其他审计准则的目标，以持续高质量地执行审计业务，是服务公众利益的内在要求。实现审计业务的高质量，需要会计师事务所执业人员按照适用的法律法规和职业准则的规定计划和执行审计工作并出具审计报告。遵守适用的法律法规的规定并实现职业准则的目标需要运用职业判断，保持职业怀疑。

第八条　根据《中国注册会计师审计准则第1101号——注册会计师的总体目标和审计工作的基本要求》的规定，审计项目组应当在计划和执行审计工作时运用职业判断并保持职业怀疑。职业判断用于根据审计项目的性质和具体情况，作出适合管理和实现高质量的、知情的行动决策。职业怀疑为审计项目组作出高质量的职业判断提供支持，并通过这些判断，支持审计项目组在项目层面实现高质量的总体效果。保持职业怀疑可以通过审计项目组的行动和沟通展示出来。这些行动和沟通可能包括一些具体的步骤，以应对可能导致难以运用职业怀疑的障碍，如无意识的倾向或资源上的限制。

第九条　本准则中的各项要求需要结合每项审计项目的性质和具体情况加以运用。例如：

（一）如果某个审计项目完全由项目合伙人执行（如对较不复杂实体的审计），本准则中的某些要求可能与该情形不相关，因为这些要求适用于审计项目组其他成员参与审计项目的情形；

（二）如果某个审计项目并非完全由项目合伙人执行，或被审计单位的性质和具体情况较为复杂，项目合伙人可能将设计或实施某些审计程序的任务分配给审计项目组其他成员。

第十条　项目合伙人对遵守本准则的各项要求承担最终责任。当本准则某些条款采用"项目合伙人应当负责……"的措辞时，表明本准则允许项目合伙人将设计或实施某些审计程序的任务分配给审计项目组中具有适当的专业知识、技能和经验的成员。对于未采用该措辞的条款，则表明该条款中的要求或责任应当由项目合伙人亲自遵守或承担，但项目合伙人可以从会计师事务所或审计项目组其他成员获取信息。

第二章　定义

第十一条　项目合伙人，就中国注册会计师审计准则而言，是指会计师事务所中负责某项审计项目及其执行，并代表会计师事务所在出具的审计报告上签字的合伙人。

第十二条　项目质量复核，是指在报告日或报告日之前，项目质量复核人员对项目组作出的重大判断及据此得出的结论作出的客观评价。

第十三条　项目质量复核人员，是指会计师事务所中实施项目质量复核的合伙人或其他类似职位的人员，或者由会计师事务所委派实施项目质量复核的外部人员。

第十四条　审计项目组，是指执行某项审计业务的所有合伙人和员工，以及为该项业务实施审计程序的所有其他人员，但不包括外部专家，也不包括为审计项目组提供直接协助的内部审计人员。

第十五条　网络，是指由多个实体组成，旨在通过合作实现下列一个或多个目的的联合体：

（一）共享收益、分担成本；

（二）共享所有权、控制权或管理权；

（三）执行统一的质量管理政策和程序；

（四）执行同一经营战略；

（五）使用同一品牌；

（六）共享重要的专业资源。

第十六条　网络事务所，对于某会计师事务所来说，是指该会计师事务所所在网络中的其他会计师事务所或实体。

第十七条　人员，是指会计师事务所的合伙人和员工。其中，对于非合伙制会计师事务所，合伙人是指类似职位的人员。

第十八条　员工，是指合伙人以外的专业人员，包括会计师事务所的内部专家。

第十九条　职业准则，是指执业准则和相关职业道德要求。其中，执业准则包括中国注册会计师鉴证业务基本准则、中国注册会计师审计准则、中国注册会计师审阅准则、中国注册会计师其他鉴证业务准则、中国注册会计师相关服务准则和会计师事务所质量管理准则。

第二十条　相关职业道德要求，就中国注册会计师审计准则而言，是指在执行财务报表审计业务时，应当遵守的职业道德原则和要求，包括独立性要求（如适用）。

第二十一条　应对措施，就会计师事务所质量管理体系而言，是指会计师事务所为了应对质量风险而设计和实施的政策和程序。其中：

（一）政策，是指会计师事务所为应对质量风险而作出的应当或不应当采取某种措施的规定，这种规定可能以成文的方式存在，也可能通过讯息予以明示，或者暗含于行动或决策中；

（二）程序，是指为执行政策而采取的行动。

第三章　目标

第二十二条　注册会计师的目标是，在审计项目层面实施质量管理，以就实现高质量获取合理保证。包括下列具体目标：

（一）注册会计师按照适用的法律法规和职业准则的规定履行审计职责，并根据这些规定执行审计业务；

（二）注册会计师出具适合具体情况的审计报告。

第四章　要求

第一节　管理和实现审计质量的领导责任

第二十三条　项目合伙人应当对管理和实现审计项目的高质量承担总体责任，包括为审计项目组营造强调会计师事务所文化和审计项目组成员行为期望的环境。在此过程中，项目合伙人应当充分、适当地参与整个审计过程，从而能够根据审计项目的性质和具体情况，确定审计项目组作出的重大判断和据此得出的结论是否适当。

第二十四条　在营造本准则第二十三条所述的环境时，项目合伙人应当采取明确、一致和有效的行动，以体现会计师事务所对质量的重视，并确定和沟通对审计项目组成员的行为期望，包括强调下列方面：

（一）审计项目组所有成员都有责任为在项目层面管理和实现业务的高质量作出贡献；

（二）审计项目组成员的职业价值观、职业道德和职业态度的重要性；

（三）在审计项目组内部进行开放、顺畅、深入沟通的重要性，同时，进行沟通能够支持审计项目组成员提出自己的质疑，而不怕遭受报复；

（四）审计项目组成员在整个审计项目中保持职业怀疑的重要性。

第二十五条　如果项目合伙人为了遵守本准则中的某项要求，将设计或实施某些审计程序、执行某些审计工作或采取某些行动的任务分配给审计项目组其他成员，项目合伙人仍然应当通过指导、监督这些审计项目组成员并复核其工作，对管理和实现审计项目的高质量承担总体责任。

第二节　相关职业道德要求

第二十六条　项目合伙人应当了解适用于审计业务的性质和具体情况的相关职业道德要求，包括与独立性相关的要求。

第二十七条　项目合伙人应当负责确保审计项目组其他成员知悉适用于审计业务的性质和具体情况的相关职业道德要求，以及会计师事务所的相关政策和程序，包括与下列方面相关的政策和程序：

（一）识别、评估和应对对遵守相关职业道德要求（包括与独立性相关的要求）的不利影响；

（二）可能导致违反相关职业道德要求（包括与独立性相关的要求）的情形，以及当审计项目组成员意识到这种违反时应当承担的责任；

（三）当审计项目组成员意识到被审计单位存在违反法律法规的迹象时应当承担的责任。

第二十八条　如果项目合伙人注意到某些事项，这些事项表明存在对遵守相关职业道德要求的不利影响，项目合伙人应当通过对照会计师事务所的政策和程序，利用来自会计师事务所、审计项目组或其他来源的相关信息，对这些不利影响作出评价，并采取适当行动。

第二十九条　项目合伙人应当通过观察和必要的询问，在整个审计过程中对审计项目组成员违反相关职业道德要求或会计师事务所相关政策和程序的情形保持警觉。

第三十条　如果项目合伙人通过会计师事务所质量管理体系或其他来源获得的信息，注意到某些事项表明适用于审计业务的性质和具体情况的相关职业道德要求未得到遵守，项目合伙人应当在咨询会计师事务所相关人员后，立即采取适当行动。

第三十一条　在签署审计报告之前，项目合伙人应当负责确定相关职业道德要求（包括与独立性相关的要求）已经得到遵守。

第三节　客户关系和审计业务的接受与保持

第三十二条　项目合伙人应当确定会计师事务所就客户关系和审计业务的接受与保持制定的政策和程序已得到遵守，并且得出的相关结论是适当的。

第三十三条　当按照审计准则的规定计划和执行审计工作以及遵守本准则的要求时，项目合伙人应当考虑在客户关系和审计业务的接受与保持环节获取的信息。

第三十四条　如果审计项目组在接受或保持某项客户关系或审计业务后获知了某些信息，并且，如果这些信息在接受或保持之前获知，可能会导致会计师事务所拒绝接受或保持该客户关系或审计业务，则项目合伙人应当立即与会计师事务所沟通该信息，以使会计师事务所和项目合伙人能够立即采取必要的行动。

第四节　业务资源

第三十五条　项目合伙人应当结合审计项目的性质和具体情况、会计师事务所的政策和程序，以及在执行审计项目过程中可能发生的任何变化，确定充分、适当的资源已被及时分配给审计项目组用于执行审计项目，或使审计项目组能够及时获取这些资源。

第三十六条　项目合伙人应当确保审计项目组成员以及审计项目组成员以外提供直接协助的外部专家或内部审计人员，作为一个集体拥有适当的胜任能力，包括充足的时间执行审计项目。

第三十七条　针对本准则第三十五条至第三十六条的规定，如果项目合伙人确定所分配的资源或审计项目组能够获取的资源对于审计项目的性质和具体情况来说是不充分、不适当的，项目合伙人应当采取适当的行动，包括与适当的人员沟通，以向审计项目组分配或提供额外的资源或替代资源。

第三十八条　项目合伙人应当负责根据审计项目的性质和具体情况，适当使用向审计项目组分配或提供的资源。

第三十九条　项目合伙人应当在考虑审计项目的性质和具体情况的基础上，制定合理的时间预算，以保证项目合伙人和审计项目组其他成员投入充分时间参与审计项目。

第五节　业务执行

第四十条　项目合伙人应当负责对审计项目组成员进行指导、监督并复核其工作。

第四十一条 项目合伙人应当确定指导、监督和复核的性质、时间安排和范围符合下列要求：

（一）按照适用的法律法规和职业准则的规定，以及会计师事务所的政策和程序进行计划和执行；

（二）符合审计项目的性质和具体情况，并与会计师事务所向审计项目组分配或提供的资源相匹配。

第四十二条 项目合伙人应当在审计过程中的适当时点复核审计工作底稿，包括与下列方面相关的工作底稿：

（一）重大事项；

（二）重大判断，包括与在审计中遇到的困难或有争议事项相关的判断，以及得出的结论；

（三）根据项目合伙人的职业判断，与项目合伙人的职责有关的其他事项。

第四十三条 项目合伙人应当确定，审计项目组成员在审计项目执行过程中，将职业准则以及会计师事务所的政策和程序从实质上执行到位，避免审计项目组成员仅简单勾画程序表格而未实质性执行程序、程序与目标不一致、程序执行不到位、审计工作底稿记录不完整等问题，确保审计项目组成员恰当记录判断过程、程序执行情况及得出的结论。

第四十四条 在审计报告日或审计报告日之前，项目合伙人应当通过复核审计工作底稿以及与审计项目组讨论，确保已获取充分、适当的审计证据，以支持得出的结论和拟出具的审计报告。

第四十五条 在签署审计报告前，为确保拟出具的审计报告适合审计项目的具体情况，项目合伙人应当复核财务报表、审计报告以及相关的审计工作底稿，包括对关键审计事项的描述（如适用）。

第四十六条 项目合伙人应当在与管理层、治理层或相关监管机构签署正式书面沟通文件之前对其进行复核。

第四十七条　针对审计项目中需要咨询的事项，项目合伙人应当承担下列责任：

（一）对审计项目组就下列事项进行咨询承担责任：

1.困难或有争议的事项，以及会计师事务所政策和程序要求咨询的事项；

2.项目合伙人根据职业判断认为需要咨询的其他事项。

（二）确定审计项目组成员已在审计过程中就相关事项进行了适当咨询，咨询可能在审计项目组内部进行，或者在审计项目组与会计师事务所内部或外部的其他适当人员之间进行。

（三）确定已与被咨询者就咨询的性质、范围以及形成的结论达成一致意见。

（四）确定咨询形成的结论已得到执行。

第四十八条　对于需要实施项目质量复核的审计项目，项目合伙人应当承担下列责任：

（一）确定会计师事务所已委派项目质量复核人员；

（二）配合项目质量复核人员的工作，并告知审计项目组其他成员配合项目质量复核人员工作的责任；

（三）与项目质量复核人员讨论在审计中遇到的重大事项和重大判断，包括在项目质量复核过程中识别出的重大事项和重大判断；

（四）只有完成项目质量复核，才签署审计报告。

第四十九条　审计项目组内部、审计项目组与项目质量复核人员之间（如适用），或者审计项目组与在会计师事务所质量管理体系内执行相关活动的人员（包括提供咨询的人员）之间如果出现意见分歧，审计项目组应当遵守会计师事务所处理及解决意见分歧的政策和程序。

第五十条　针对意见分歧，项目合伙人应当承担下列责任：

（一）对按照会计师事务所的政策和程序处理和解决意见分歧承担责任；

（二）确定咨询得出的结论已经记录并得到执行；

（三）在所有意见分歧得到解决之前，不得签署审计报告。

第六节　监控与整改

第五十一条　项目合伙人应当负责下列方面：

（一）了解从会计师事务所的监控和整改程序获取的信息，这些信息可能是由会计师事务所提供的，也可能来自网络和网络事务所的监控和整改程序（如适用）；

（二）确定上述第（一）项提及的信息与审计项目的相关性及其对审计项目的影响，并采取适当行动；

（三）在整个审计过程中，对可能与会计师事务所的监控和整改程序相关的信息保持警觉，并将此类信息通报给对监控和整改程序负责的人员。

第七节　对管理和实现高质量承担总体责任

第五十二条　在签署审计报告之前，项目合伙人应当确定其已对管理和实现审计项目的高质量承担责任。在此过程中，项目合伙人应当确定下列事项：

（一）项目合伙人充分、适当地参与了审计项目的全过程，以使其能够确定，根据审计项目的性质和具体情况，审计项目组作出的重大判断和据此得出的结论是适当的；

（二）在遵守本准则的要求时，已考虑了审计项目的性质和具体情况、发生的任何变化，以及会计师事务所与之相关的政策和程序。

第八节　审计工作底稿

第五十三条　注册会计师应当在审计工作底稿中记录下列事项：

（一）针对下列方面识别出的事项、与相关人员进行的讨论以及得出的结论：

1.履行与遵守相关职业道德要求（包括与独立性相关的要求）相关的责任；

2.客户关系和审计业务的接受与保持。

（二）在审计过程中进行咨询的性质、范围、得出的结论，以及这些结论是如何得到执行的。

（三）如果审计项目需要实施项目质量复核，则应当记录项目质量复核已经在审计报告日或之前完成。

中国注册会计师协会会员执业违规行为惩戒办法

第一章　总则

第一条　为了加强注册会计师行业诚信建设，规范对会员违规行为的惩戒，根据《中华人民共和国注册会计师法》（以下简称《注册会计师法》）和《中国注册会计师协会章程》，制定本办法。

第二条　中国注册会计师协会及各省、自治区、直辖市注册会计师协会（以下简称注册会计师协会）对会员违规行为实施惩戒，适用本办法。

本办法所称的会员，是指单位会员和个人会员中的执业会员，即会计师事务所和注册会计师。

第三条　注册会计师协会实施惩戒，应当遵循客观和公正原则，坚持惩戒与教育相结合，保障法律法规以及行业规范得到贯彻执行。

实施惩戒应当以事实为依据，与违规行为的性质、情节以及社会影响程度相当。

实施惩戒由违规行为会员注册地的注册会计师协会管辖。两个以上注册会计师协会都有管辖权的，由最先调查的注册会计师协会管辖。对管辖发生争议的，应当协商解决，协商不成的，由中国注册会计师协会指定管辖。

第四条　对注册会计师协会实施的惩戒，会员有陈述和申辩权利，对惩戒不服的，可以提起申诉。

第五条　注册会计师协会对检查发现的涉嫌违法违规线索，移交有权部门进行调查处理。注册会计师协会对存在执业违规行为，但尚不构成行业惩戒的，可以采取强制培训、责令单位会员内部问责、责令单位会员整改等自律监管措施。

第二章　惩戒的种类与适用

第六条　注册会计师协会对会员违规行为实施惩戒的种类有：

（一）训诫；

（二）通报批评；

（三）公开谴责。

第七条　会员具有下列违规行为之一的，根据本办法的规定给予惩戒：

（一）违反《注册会计师法》及其他相关法律法规有关规定的；

（二）违反中国注册会计师职业道德守则的；

（三）违反中国注册会计师业务准则的；

（四）违反会计师事务所质量管理相关准则的；

（五）应当实施惩戒的其他情形。

第八条　会员违反《注册会计师法》第二十条、第二十一条和第二十二条的规定的，视情节给予通报批评或公开谴责。

会员在执业过程中违反其他相关法律法规有关规定的，视情节给予训诫、通报批评或公开谴责。

第九条 会员违反中国注册会计师职业道德守则的要求，有下列行为之一的，视情节给予训诫、通报批评或公开谴责：

（一）在职业活动中，违反诚信原则的；

（二）在执行审计、审阅和其他鉴证业务时，违反职业道德守则有关独立性的相关要求的；

（三）在作出职业判断、发表专业意见时，违反客观和公正原则的；

（四）未能按照有关规定获取和保持专业胜任能力，在承接业务和提供专业服务时，缺乏适当的专业胜任能力的；

（五）在执业过程中没有保持应有的关注、勤勉尽责的；

（六）违反保密原则，泄露职业活动中获知的涉密信息或其他关键敏感信息的；

（七）非执业活动中违反相关法律法规，损害职业声誉的；

（八）向公众传递信息以及推介自己和工作时，夸大宣传提供的服务、拥有的资质，贬低或无根据地比较其他注册会计师的工作，未能诚实、实事求是，损害职业形象的；

（九）在提供专业服务时，违反职业道德守则有关收费的相关规定的；

（十）其他违反职业道德守则的行为。

第十条 会员违反中国注册会计师业务准则的规定，有下列行为之一的，视情节给予训诫、通报批评或公开谴责：

（一）未按规定制定审计计划的；

（二）未获取充分、适当的证据支持审计结论的；

（三）因过失出具不恰当审计报告的；

（四）未按规定编制、归整和保存审计工作底稿的；

（五）隐瞒审计中发现的问题，出具不实审计报告的；

（六）与客户通同作弊，故意出具虚假审计报告的；

（七）其他违反业务准则的行为。

会员执行审阅业务、其他鉴证业务和相关服务业务，未遵守中国注册会计师审阅准则、中国注册会计师其他鉴证业务准则和中国注册会计师相关服务准则的，参照前款实施惩戒。

第十一条　会员违反会计师事务所质量管理相关准则的规定，有下列行为之一的，视情节给予训诫、通报批评或公开谴责：

（一）未按规定制定质量管理制度的；

（二）未按规定制定政策和程序，以营造良好的环境支持质量管理体系其他组成部分的设计、实施和运行的；

（三）未按规定制定政策和程序，以合理保证事务所及其人员遵守相关职业道德要求的；

（四）未按规定制定政策和程序，以合理保证事务所恰当接受或保持客户关系和具体业务的；

（五）未按规定制定政策和程序，以合理保证事务所和注册会计师按照执业准则规则和适用的法律法规的规定执 行业务并出具恰当报告的；

（六）未按规定实施项目质量复核的；

（七）未合理保证项目组在出具业务报告后及时完成最终业务档案的归整工作并按照规定的期限保存业务工作底稿的；

（八）未制定监控政策和程序，以合理保证与质量管理制度相关的政策和程序具有相关性和适当性并有效运行的；

（九）其他违反质量管理相关准则的行为。

第十二条　会员阻挠或拒绝注册会计师协会的执业质量检查和调

查，拒绝确认检查意见或沟通事项，应当给予公开谴责；存在不按时提供相关检查资料以及其他不配合检查工作情形的，视情节给予训诫、通报批评或公开谴责。

第十三条　会员有下列情形之一的，应当从重惩戒：

（一）同时具有两种或两种以上应予惩戒的行为的；

（二）在两年内发生两次或两次以上同一性质的应予惩戒的行为的；

（三）对投诉人、举报人、证人等有关人员打击报复的；

（四）违规行为发生后编造、隐匿、销毁证据的。

第十四条　会员有下列情形之一的，可以从轻、减轻惩戒：

（一）主动报告其违规行为的；

（二）主动配合查处其违规行为的；

（三）自觉纠正违规行为，及时采取有效措施，防止或减轻不良后果的。

第三章　惩戒的实施机构和惩戒的回避

第十五条　注册会计师协会理事会下设惩戒委员会，负责对注册会计师协会查处的违规行为实施惩戒，由注册会计师协会作出惩戒决定。

惩戒委员会的议事制度包括惩戒庭会议和惩戒委员会全体会议。

普通案件由惩戒委员会主任委员派5名惩戒委员会委员组成惩戒庭，其中，注册会计师不超过3名，不得担任惩戒庭主席。

重大、疑难、复杂案件必要时由惩戒委员会全体会议集体讨论、研究、决策。

第十六条　注册会计师协会秘书处为惩戒委员会的常设执行机构，负责办理惩戒委员会的日常事务，其主要职责包括：

（一）受理投诉和相关部门移送的会员相关案件；

（二）负责会员违规行为的检查和调查；

（三）负责提议召开惩戒庭会议或惩戒委员会全体会议；

（四）负责惩戒委员会相关文书的制作、送达、整理归档；

（五）负责办理惩戒委员会委托的其他事项。

第十七条　惩戒委员会委员有下列情形之一的，应当自行回避，当事人、投诉人有权申请其回避：

（一）本人或近亲属与案件有直接利害关系的；

（二）与本案当事人在同一会计师事务所执业的；

（三）其他可能影响案件公正处理的。

前款规定，适用于惩戒委员会常设执行机构的工作人员。

第四章　惩戒的程序和决定

第十八条　对于注册会计师协会查处的违规行为，由惩戒委员会常设执行机构组织检查或调查后，向惩戒委员会提交检查或调查报告。

第十九条　惩戒庭采取合议形式作出决定。

重大、疑难、复杂案件由惩戒委员会全体会议评议后集体作出决定。会议应当有三分之二以上的委员出席，决定由出席会议委员的二分之一以上多数通过，如出现三种以上意见，且均不过半数时，将最不利于当事人的意见票数依次计入次不利于当事人的票数，直至超过半数为止。

第二十条　惩戒委员会在作出惩戒决定前，应向当事人发送拟惩戒告知书，告知当事人初步认定的违规事实、拟作出的惩戒种类、理由及依据，并告知当事人享有陈述和申辩的权利。

当事人可在收到惩戒告知书后的 8 个工作日内，向惩戒委员会提交书面的陈述和申辩理由；当事人逾期不提交的，视为放弃陈述与申辩权利，不影响作出惩戒决定。

在提交书面的陈述和申辩材料后，当事人可以要求向惩戒委员会作口头陈述。

惩戒委员会应当充分听取当事人的意见，可以要求当事人到惩戒庭或惩戒委员会全体会议上接受委员询问。当事人提出的事实、理由或者证据成立的，惩戒委员会应当采纳。

第二十一条　惩戒庭合议或惩戒委员会全体会议投票表决后，根据不同情况，分别作出以下决定：

（一）确认会员有本办法规定违规行为的，作出给予训诫、通报批评或公开谴责的决定；

（二）确认会员违规事实不成立，或虽然违规但情节轻微的，或不符合本办法规定应当予以惩戒的，作出撤销案件或不予惩戒的决定。

第二十二条　惩戒审理全程录音录像，确保客观公正。

第二十三条　惩戒决定通过后，注册会计师协会应当制作惩戒决定书。惩戒决定书应当载明下列事项：

（一）被惩戒会员是个人会员的，写明姓名、性别、出生年月、注册会计师证书号码及其所在会计师事务所的名称；被惩戒会员是单位会员的，写明会计师事务所名称、办公地址以及首席合伙人（主任会计师）姓名；

（二）事实和证据；

（三）惩戒依据和结论；

（四）提起申诉的权利、期限；

（五）作出惩戒决定的日期。

第二十四条　惩戒决定通过直接送达、邮寄等方式送达。惩戒决定自送达之日起生效。

第五章　惩戒的申诉机构和申诉的回避

第二十五条　注册会计师协会理事会下设申诉委员会，负责受理会员对注册会计师协会惩戒委员会作出的惩戒决定的申诉，由注册会计师协会作出申诉审议决定。

申诉委员会的议事制度包括申诉庭会议和申诉委员会全体会议。

普通案件由申诉委员会主任委员委派 5 名申诉委员会委员组成申诉庭，就提出申诉的事项进行复核，其中，注册会计师不超过 3 名，不得担任申诉庭主席。

重大、疑难、复杂案件必要时由申诉委员会全体会议集体讨论、研究、决策。

申诉委员会委员不得兼任惩戒委员会委员。

第二十六条　注册会计师协会秘书处为申诉委员会的常设执行机构，负责办理申诉委员会的日常事务，其主要职责包括：

（一）负责受理会员提出的申诉；

（二）负责申诉案件相关事实和证据的复查与核实；

（三）负责提议召开申诉庭会议或申诉委员会全体会议；

（四）负责申诉委员会相关文书的制作、送达、整理归档；

（五）负责办理申诉委员会委托的其他事项。

第二十七条　申诉委员会委员有下列情形之一的，应当自行回避，当事人有权申请其回避：

（一）本人或近亲属与案件有直接利害关系的；

（二）与本案当事人在同一会计师事务所执业的；

（三）其他可能影响案件公正处理的。

前款规定，适用于申诉委员会常设执行机构的工作人员。

第六章　申诉的程序和决定

第二十八条　当事人对注册会计师协会惩戒委员会作出的惩戒决定不服的，可以在收到惩戒决定书之日起 8 个工作日内，向注册会计师协会申诉委员会提起申诉，提交书面申诉材料。当事人提起申诉的，不影响惩戒决定的执行。

第二十九条　在申诉被受理后，当事人可以要求向申诉委员会作口头陈述。申诉委员会应当充分听取当事人的意见，申诉委员会有权要求当事人到申诉委员会接受委员询问。当事人提出的事实、理由或者证据成立的，申诉委员会应当采纳。

第三十条　申诉庭采取合议形式作出决定。

重大、疑难、复杂案件由申诉委员会全体会议评议后集体作出决定。会议应当有三分之二以上的委员出席，决定由出席会议委员的二分之一以上多数通过，如出现三种以上意见，且均不过半数时，将最不利于当事人的意见票数依次计入次不利于当事人的票数，直至超过半数为止。

第三十一条　申诉庭合议或申诉委员会全体会议投票表决后，根据不同情况，分别作出以下决定：

（一）原惩戒决定认定事实清楚，适用依据正确，程序适当的，维持原决定；

（二）原惩戒决定主要事实认定清楚，次要事实认定不清或不成立的，补正原决定；

（三）原惩戒决定认定事实不清，或适用依据错误，或程序严重不适当的，撤销原惩戒决定，对相关事实和证据进行复查和核实后，重新作出惩戒决定；原惩戒决定认定事实不成立的，撤销原惩戒决定，作出不予惩戒的决定。

第三十二条　申诉审理全程录音录像，确保客观公正。

第三十三条　申诉审议决定通过后，注册会计师协会应当制作申诉审议决定书。申诉审议决定书应当载明下列事项：

（一）申诉人是个人会员的，写明姓名、性别、出生年月、注册会计师证书号码及其所在会计师事务所的名称；申诉人是单位会员的，写明会计师事务所名称、办公地址以及主任会计师姓名；

（二）申诉请求和理由；

（三）申诉委员会认定的事实和理由；

（四）申诉审议依据和结论；

（五）作出申诉审议决定的日期。

第三十四条　申诉委员会应当在受理申诉后的两个月内作出申诉审议决定。

第三十五条　申诉委员会的申诉审议决定是最终惩戒决定。改变原惩戒决定的，惩戒决定自申诉审议决定送达之日起生效；维持原惩戒决定的，原惩戒决定的生效日不变。

第三十六条　申诉审议决定通过直接送达、邮寄等方式送达。

第七章　附则

第三十七条　会员的违规行为及最终惩戒决定，应当记入行业管理信息系统。注册会计师协会应将涉及惩戒事务所的检查档案与惩戒决定书等一同归档，并按照国家档案管理的有关规定保管。

第三十八条　各省、自治区、直辖市注册会计师协会可以根据本办法制定实施细则。

第三十九条　本办法所称当事人是指被投诉、被立案调查、被惩戒的会员。

第四十条　本办法自发布之日起施行。2011 年 7 月 16 日发布的

《中国注册会计师协会会员执业违规行为惩戒办法》（会协〔2011〕39号）同时废止。

证券期货违法行为行政处罚办法

（2021年7月14日证监会令第186号公布

自2021年7月14日起施行）

第一条　为了规范中国证券监督管理委员会（以下简称中国证监会）及其派出机构行政处罚的实施，维护证券期货市场秩序，保护公民、法人和其他组织的合法权益，根据《中华人民共和国行政处罚法》《中华人民共和国证券法》《中华人民共和国证券投资基金法》《期货交易管理条例》等法律、法规，制定本办法。

第二条　中国证监会依法对全国证券期货市场实行集中统一监督管理。中国证监会派出机构按照授权，依法履行行政处罚职责。

第三条　自然人、法人或者其他组织违反证券期货法律、法规和规章规定，应当给予行政处罚的，中国证监会及其派出机构依照有关法律、法规、规章和本办法规定的程序实施。

第四条　中国证监会及其派出机构实施行政处罚，遵循公开、公平、公正、效率和审慎监管原则，依法、全面、客观地调查、收集有关证据。

第五条　中国证监会及其派出机构作出的行政处罚决定，应当事实清楚、证据确凿、依据正确、程序合法、处罚适当。

第六条　中国证监会及其派出机构发现自然人、法人或者其他组织涉嫌违反证券期货法律、法规和规章，符合下列条件，且不存在依法不予行政处罚等情形的，应当立案：

（一）有明确的违法行为主体；

（二）有证明违法事实的证据；

（三）法律、法规、规章规定有明确的行政处罚法律责任；

（四）尚未超过二年行政处罚时效。涉及金融安全且有危害后果的，尚未超过五年行政处罚时效。

第七条 中国证监会及其派出机构通过文字记录等形式对行政处罚进行全过程记录，归档保存。根据需要，可以对容易引发争议的行政处罚过程进行音像记录，被调查的单位和个人不配合的，执法人员对相关情况进行文字说明。

第八条 中国证监会及其派出机构执法人员必须忠于职守，依法办事，公正廉洁，不得滥用权力，或者利用职务便利牟取不正当利益；严格遵守保密规定，不得泄露案件查办信息，不得泄露所知悉的国家秘密、商业秘密和个人隐私；对于依法取得的个人信息，应当确保信息安全。

第九条 中国证监会及其派出机构进行调查时，执法人员不得少于二人，并应当出示执法证和调查通知书等执法文书。执法人员少于二人或者未出示执法证和调查通知书等执法文书的，被调查的单位和个人有权拒绝。

执法人员应当在询问笔录或现场笔录等材料中对出示情况进行记录。

第十条 被调查的单位和个人应当配合调查，如实回答询问，按要求提供有关文件和资料，不得拒绝、阻碍和隐瞒。

第十一条 中国证监会及其派出机构调查、收集的证据包括：

（一）书证；

（二）物证；

（三）视听资料；

（四）电子数据；

（五）证人证言；

（六）当事人的陈述；

（七）鉴定意见；

（八）勘验笔录、现场笔录。

证据必须经查证属实，方可作为认定案件事实的根据。

以非法手段取得的证据，不得作为认定案件事实的根据。

第十二条　书证原则上应当收集原件。收集原件确有困难的，可以收集与原件核对无误的复印件、照片、节录本。复印件、照片、节录本由证据提供人核对无误后注明与原件一致，同时由证据提供人逐页签名或者盖章。提供复印内容较多且连续编码的，可以在首尾页及骑缝处签名、盖章。

第十三条　物证原则上应当收集原物。收集原物确有困难的，可以收集与原物核对无误的复制品或者证明该物证的照片、录像等其他证据。原物为数量较多的种类物的，可以收集其中一部分。收集复制品或者影像资料的，应当在现场笔录中说明取证情况。

第十四条　视听资料原则上应当收集有关资料的原始载体。收集原始载体确有困难的，可以收集与原始载体核对无误的复制件，并以现场笔录或其他方式注明制作方法、制作时间、制作人和证明对象等。声音资料应当附有该录音内容的文字记录。

第十五条　电子数据原则上应当收集有关数据的原始载体。收集电子数据原始载体确有困难的，可以制作复制件，并以现场笔录或其他方式记录参与人员、技术方法、收集对象、步骤和过程等。具备条件的，可以采取拍照或录像等方式记录取证过程。对于电子数据的关键内容，可以直接打印或者截屏打印，并由证据提供人签字确认。

第十六条　当事人的陈述、证人证言可以通过询问笔录、书面说明等方式调取。询问应当分别单独进行。询问笔录应当由被询问人员及至少二名参与询问的执法人员逐页签名并注明日期；如有修改，应当由被询问人签字确认。

通过书面说明方式调取的，书面说明应当由提供人逐页签名或者盖章并注明日期。

第十七条 对于涉众型违法行为，在能够充分证明基本违法事实的前提下，执法人员可以按一定比例收集和调取书证、证人证言等证据。

第十八条 下列证据材料，经审查符合真实性、合法性及关联性要求的，可以作为行政处罚的证据：

（一）中国证监会及其派出机构在立案前调查或者监督检查过程中依法取得的证据材料；

（二）司法机关、纪检监察机关、其他行政机关等保存、公布、移交的证据材料；

（三）中国证监会及其派出机构通过依法建立的跨境监督管理合作机制获取的证据材料；

（四）其他符合真实性、合法性及关联性要求的证据材料。

第十九条 中国证监会及其派出机构根据案情需要，可以委托下列单位和人员提供协助：

（一）委托具有法定鉴定资质的鉴定机构对涉案相关事项进行鉴定，鉴定意见应有鉴定人签名和鉴定机构盖章；

（二）委托会计师事务所、资产评估事务所、律师事务所等中介机构以及专家顾问提供专业支持；

（三）委托证券期货交易场所、登记结算机构等检验、测算相关数据或提供与其职能有关的其他协助。

第二十条 中国证监会及其派出机构可以依法要求当事人或与被调查事件有关的单位和个人，在指定的合理期限内，通过纸质、电子邮件、光盘等指定方式报送与被调查事件有关的文件和资料。

第二十一条 中国证监会及其派出机构依法需要采取冻结、查封、扣押、限制证券买卖等措施的，按照《中华人民共和国行政强制法》等法律、法规以及中国证监会的有关规定办理。

第二十二条 中国证监会及其派出机构依法需要采取封存、先行登记保存措施的，应当经单位负责人批准。

遇有紧急情况，需要立即采取上述措施的，执法人员应当在二十四小时内向单位负责人报告，并补办批准手续。单位负责人认为不应当采取的，应当立即解除。

第二十三条 采取封存、先行登记保存措施的，应当当场清点，出具决定书或通知书，开列清单并制作现场笔录。

对于封存、先行登记保存的证据，中国证监会及其派出机构可以自行或采取委托第三方等其他适当方式保管，当事人和有关人员不得隐藏、转移、变卖或者毁损。

第二十四条 对于先行登记保存的证据，应当在七日内采取下列措施：

（一）根据情况及时采取记录、复制、拍照、录像、提取电子数据等证据保全措施；

（二）需要检查、检验、鉴定、评估的，送交检查、检验、鉴定、评估；

（三）依据有关法律、法规可以采取查封、扣押、封存等措施的，作出查封、扣押、封存等决定；

（四）违法事实不成立，或者违法事实成立但依法不应予以查封、扣押、封存的，决定解除先行登记保存措施。

第二十五条 执法人员制作现场笔录的，应当载明时间、地点和事件等内容，并由执法人员和当事人等在场有关人员签名或者盖章。

当事人或者有关人员拒绝或不能在现场笔录、询问笔录、证据材料上签名、盖章的，执法人员应当在现场笔录、询问笔录、证据材料上说明或以录音录像等形式加以证明。必要时，执法人员可以请无利害关系第三方作为见证人签名。

第二十六条 实施行政处罚过程中，有下列情形之一的，中国证监会可以通知出境入境管理机关依法阻止涉嫌违法人员、涉嫌违法单位的主管人员和其他直接责任人员出境：

（一）相关人员涉嫌违法行为情节严重、影响恶劣，或存在本办法第三十八条规定的行为，出境后可能对行政处罚的实施产生不利影响的；

（二）相关人员涉嫌构成犯罪，可能承担刑事责任的；

（三）存在有必要阻止出境的其他情形的。

阻止出境的期限按照出境入境管理机关的规定办理，需要延长期限的，应当通知出境入境管理机关。到期不通知的，由出境入境管理机关按规定解除阻止出境措施。

经调查、审理，被阻止出境人员不属于涉嫌违法人员或责任人员，或者中国证监会认为没有必要继续阻止出境的，应当通知出境入境管理机关依法解除对相关人员的阻止出境措施。

第二十七条 案件调查终结，中国证监会及其派出机构根据案件不同情况，依法报单位负责人批准后，分别作出如下决定：

（一）确有应受行政处罚的违法行为的，根据情节轻重及具体情况，作出行政处罚决定；

（二）违法行为轻微，依法可以不予行政处罚的，不予行政处罚；

（三）违法事实不能成立的，不予行政处罚；

（四）违法行为涉嫌犯罪的，依法移送司法机关。

对情节复杂或者重大违法行为给予行政处罚，中国证监会及其派出机构负责人应当集体讨论决定。

第二十八条 中国证监会设立行政处罚委员会，对按照规定向其移交的案件提出审理意见、依法进行法制审核，报单位负责人批准后作出处理决定。

中国证监会派出机构负责人作出行政处罚的决定之前，依法由从事行政处罚决定法制审核的人员进行法制审核。

第二十九条 中国证监会及其派出机构在行政处罚过程中发现违法行为涉嫌犯罪的，应当依法、及时将案件移送司法机关处理。

司法机关依法不追究刑事责任或者免予刑事处罚，但应当给予行政处罚的，中国证监会及其派出机构依法作出行政处罚决定。

第三十条 行政处罚决定作出前，中国证监会及其派出机构应当向当事人送达行政处罚事先告知书，载明下列内容：

（一）拟作出行政处罚的事实、理由和依据；

（二）拟作出的行政处罚决定；

（三）当事人依法享有陈述和申辩的权利；

（四）符合《中国证券监督管理委员会行政处罚听证规则》所规定条件的，当事人享有要求听证的权利。

第三十一条 当事人要求听证的，按照听证相关规定办理。

当事人要求陈述、申辩但未要求听证的，应当在行政处罚事先告知书送达后五日内提出，并在行政处罚事先告知书送达后十五日内提出陈述、申辩意见。当事人书面申请延长陈述、申辩期限的，经同意后可以延期。

当事人存在下列情形的，视为明确放弃陈述、申辩、听证权利：

（一）当事人未按前两款规定提出听证要求或陈述、申辩要求的；

（二）要求听证的当事人未按听证通知书载明的时间、地点参加听证，截至听证当日也未提出陈述、申辩意见的；

（三）要求陈述、申辩但未要求听证的当事人，未在规定时间内提出陈述、申辩意见的。

第三十二条　中国证监会及其派出机构对已经送达的行政处罚事先告知书认定的主要事实、理由、依据或者拟处罚决定作出调整的，应当重新向当事人送达行政处罚事先告知书，但作出对当事人有利变更的除外。

第三十三条　当事人收到行政处罚事先告知书后，可以申请查阅涉及本人行政处罚事项的证据，但涉及国家秘密、他人的商业秘密和个人隐私的内容除外。

第三十四条　证券期货违法行为的违法所得，是指通过违法行为所获利益或者避免的损失，应根据违法行为的不同性质予以认定，具体规则由中国证监会另行制定。

第三十五条　中国证监会及其派出机构应当自立案之日起一年内作出行政处罚决定。有特殊情况需要延长的，应当报经单位负责人批准，每次延长期限不得超过六个月。

中国证监会及其派出机构作出行政处罚决定的，应当依照《中华人民共和国行政处罚法》的规定，在七日内将行政处罚决定书送达当事人，并按照政府信息公开等规定予以公开。

第三十六条　行政执法文书可以采取《中华人民共和国民事诉讼法》规定的方式送达当事人。当事人同意的，可以采用传真、电子邮件等方式送达。

第三十七条　申请适用行政执法当事人承诺制度的，按照有关规定办理。

第三十八条　有下列拒绝、阻碍执法情形之一的，按照《证券法》第二百一十八条的规定追究责任：

（一）殴打、围攻、推搡、抓挠、威胁、侮辱、谩骂执法人员的；

（二）限制执法人员人身自由的；

（三）抢夺、毁损执法装备及执法人员个人物品的；

（四）抢夺、毁损、伪造、隐藏证据材料的；

（五）不按要求报送文件资料，且无正当理由的；

（六）转移、变卖、毁损、隐藏被依法冻结、查封、扣押、封存的资金或涉案财产的；

（七）躲避推脱、拒不接受、无故离开等不配合执法人员询问，或在询问时故意提供虚假陈述、谎报案情的；

（八）其他不履行配合义务的情形。

第三十九条　本办法所称派出机构，是指中国证监会派驻各省、自治区、直辖市和计划单列市监管局。

中国证监会稽查总队、证券监管专员办事处根据职责或授权对证券期货违法行为进行立案、调查的，依照本办法执行。

第四十条　行政处罚相关信息记入证券期货市场诚信档案数据库。

第四十一条　本办法自公布之日起施行。

中国证监会行政处罚裁量基本规则

（征求意见稿）

第一条【目的和依据】为了规范中国证券监督管理委员会（以下简称中国证监会）及其派出机构的行政处罚裁量工作，统一执法尺度，保护公民、法人或者其他组织的合法权益，根据《中华人民共和国行政处罚法》《中华人民共和国证券法》《中华人民共和国证券投资基金法》《中华人民共和国期货和衍生品法》《私募投资基金监督管理条例》等法律、行政法规，制定本规则。

第二条【定义】本规则所称行政处罚裁量，是指中国证监会及其派出机构在实施行政处罚时，根据法律、行政法规和规章的规定，决定是否给予处罚、给予行政处罚的种类和幅度的裁度、衡量过程。

第三条【指导原则】行政处罚裁量应当以事实为依据，与违法行为的事实、性质、情节、社会危害程度以及当事人主观过错程度相当。

第四条【裁量政策】行政处罚裁量应当综合考虑资本市场监管需要等因素，确保处罚必要、适当，并符合社会公序良俗和公众合理期待。对同一时期类别、性质、情节相似的案件，处理结果应当基本均衡。

第五条【裁量阶次】行政处罚裁量分为不予处罚、免予处罚、减轻处罚、从轻处罚、一般处罚、从重处罚等裁量阶次。

减轻处罚，是指在法律、行政法规、规章规定的处罚幅度以下进行处罚，或者减少并处的处罚种类。

从轻处罚，是指在法律、行政法规、规章规定的处罚幅度以内，给予较轻的处罚。

从重处罚，是指在法律、行政法规、规章规定的处罚幅度以内，给予较重的处罚。

一般处罚，是指除不予处罚、免予处罚、减轻处罚外，不存在本规则规定的从轻或者从重处罚情形的，在法律、行政法规、规章规定的处罚幅度以内，给予适中的处罚。

第六条【裁量阶次划分】对罚款有一定幅度的，在法律、行政法规、规章规定的处罚幅度以内，根据违法行为类型的性质、构成、特点等情况，一般按照以下百分比上下浮动10%的比例，划分从轻处罚、一般处罚、从重处罚等裁量阶次：

（一）从轻处罚阶次，在法定最低罚款金额以上（没有法定最低罚款金额的除外）、法定最高罚款金额 30% 以下给予罚款；

（二）一般处罚阶次，在法定最高罚款金额 30% 以上、60% 以下给予罚款；

（三）从重处罚阶次，在法定最高罚款金额 60% 以上、法定最高罚款金额以下给予罚款。

对依法应当采取证券、期货市场禁入措施、暂停或者撤销相关业务许可、给予买卖证券等值以下罚款等行政处罚种类的，参照前款规定的原则划分裁量阶次。

第七条【不予处罚】有下列情形之一的，不予处罚：

（一）违法行为轻微并及时改正，没有造成危害后果；

（二）当事人有证据足以证明没有主观过错，但是法律、行政法规另有规定的除外；

（三）超过行政处罚时效；

（四）其他依法不予处罚的情形。

初次违法且危害后果轻微并及时改正的，可以不予处罚。

第八条【免予处罚】违法主体消灭的，免予处罚。消灭的违法主体是单位的，违法行为的直接负责的主管人员和其他直接责任人员继续承担行政法律责任。

第九条【减轻处罚】有下列情形之一的，减轻处罚：

（一）主动采取补救措施，消除违法行为危害后果；

（二）受他人严重胁迫或者严重诱骗实施违法行为；

（三）单位违法的直接负责的主管人员和其他直接责任人员在案发前主动举报单位违法行为，并且积极配合查处；

（四）配合查处违法行为有重大立功表现；

（五）其他依法减轻处罚的情形。

第十条【从轻处罚】有下列情形之一的，从轻处罚：

（一）主动减轻违法行为危害后果；

（二）受他人胁迫或者诱骗实施违法行为；

（三）主动供述监管尚未掌握的违法行为；

（四）配合查处违法行为有立功表现；

（五）其他依法从轻处罚的情形。

有下列情形之一的，可以从轻处罚：

（一）对资本市场秩序影响较小；

（二）对资本市场投资者、交易者权益损害较小；

（三）主观过错较小；

（四）如实陈述，积极配合查处；

（五）对违法事实没有异议，签署认错认罚具结书；

（六）其他依法可以从轻处罚的情形。

第十一条【从重处罚】有下列情形之一的，从重处罚：

（一）严重违反市场公开公平公正原则，影响资本市场秩序稳定，可能引发金融风险、严重危害金融安全；

（二）严重损害资本市场投资者、交易者权益，影响恶劣；

（三）违法行为相关事项涉及当事人贿赂情形；

（四）殴打、围攻、推搡、抓挠执法人员，造成执法人员人身损害，或者限制执法人员人身自由；

（五）毁损、伪造、篡改证据材料；

（六）转移、变卖、毁损、隐藏被依法冻结、查封、扣押、封存的资金或涉案财产；

（七）因证券、期货违法行为受到行政处罚或者刑事处罚后五年内，再次实施同一类型违法行为；

（八）其他依法从重处罚的情形。

有下列情形之一的，可以从重处罚：

（一）违法持续时间长，涉及面广，社会危害较大；

（二）主观过错较大；

（三）侮辱、谩骂执法人员；

（四）抢夺、毁损执法装备及执法人员个人物品；

（五）抢夺、隐藏证据材料；

（六）未按照要求报送文件资料，且无正当理由；

（七）躲避推脱、拒不接受、无故离开等不配合执法人员询问，或在询问时故意提供虚假陈述、谎报案情；

（八）其他依法可以从重处罚的情形。

当事人因第一款第三项至第六项、第二款第三项至第七项所涉行为已被行政处罚的，该行为不再作为从重处罚情节。

第十二条【不同情形并存的适用】当事人同时具有从轻、减轻或者从重处罚情节的，应当结合案件具体情况综合考虑后进行处罚。

第十三条【没收违法所得】当事人有违法所得，除依法应当退赔的外，应当予以没收。

第十四条【共同违法人的处罚】两个以上当事人共同实施违法行为的，应当将各当事人作为一个整体，认定主观过错、违法行为和违法所得。

第十五条【共同违法人分担没收违法所得和罚款】认定构成共同违法，依法给予没收违法所得、罚款等处罚的，应当在处罚决定书中明确各当事人承担没收违法所得、罚款的金额。

第十六条【单位直接责任人员的处罚】单位实施违法行为的，对直接负责的主管人员和其他直接责任人员的处罚，从以下方面考虑该人员与案件认定的事实、性质、情节、社会危害程度之间的关系，综合分析认定：

（一）在违法行为中所起的作用；

（二）职务及履行职责情况；

（三）知情程度；

（四）知情后的态度；

（五）专业背景；

（六）其他影响责任认定的情节。

第十七条【一个违法行为一次处罚】认定当事人有一个违法行为的，给予一次行政处罚。认定当事人有多个违法行为，均给予罚款的，罚款数额累计计算。

第十八条【一事不二罚款】对当事人的同一个违法行为，不得给予两次以上罚款。

同一个违法行为违反多个法律规范，均应当给予罚款的，按照罚款数额高的规定处罚。

第十九条【从旧兼从轻】实施行政处罚，适用违法行为发生时的法律、行政法规、规章的规定。

作出行政处罚决定时，法律、行政法规、规章已修改或者废止，且新的规定处罚较轻或者不认为是违法的，适用新的规定。

第二十条【跨越新旧法的法律适用】违法行为始于法律、行政法规、规章修改生效之前，终于修改生效之后的，适用新的规定进行处罚。

第二十一条【主要负责人批准或者集体讨论】对情节复杂或者重大违法行为给予行政处罚的，行政机关负责人应当集体讨论决定。

适用本规则出现明显不当、显失公平，或者本规则适用的客观情况发生变化，需要调整适用的，应当经主要负责人批准或者集体讨论决定。

第二十二条【立体追责】对违法行为涉嫌犯罪的，应当依照规定及时移送司法机关，依法追究刑事责任。对违法行为同时构成民事侵权的，依法配合做好民事责任追究。

依法不予处罚的，可以根据情节采取相应的行政监管措施并记入证券期货市场诚信档案、通知自律组织依法采取纪律处分等自律管理措施。

第二十三条【行刑衔接】违法行为涉嫌犯罪，移送司法机关时已给予没收违法所得、罚款的，移送文书中应当写明没收违法所得、缴纳罚款情况。

违法行为构成犯罪被判处罚金后，对该违法行为还需要给予行政处罚的，不再给予罚款。

违法行为涉嫌犯罪，移送司法机关后，对依法不需要追究刑事责任或者免予刑事处罚，但应当给予行政处罚的，依法进行处罚。

第二十四条【监督指导】中国证监会对派出机构行使处罚权进行监督、指导。

第二十五条【释义】本规则中下列用语的含义：

"受他人胁迫或者诱骗"是指当事人受到他人威胁，迫于精神上的强制而实施违法行为，或者受到引诱、欺骗，因被蒙蔽而实施违法行为。

"受他人严重胁迫或者严重诱骗"是指当事人的人身权、财产权、人格权等合法权益受到严重威胁，或者被引诱、欺骗而产生重大认识错误，导致违法行为发生。

"立功"是指检举、揭发他人违法犯罪行为或者提供查处其他案件的重要线索，经查证属实。

"重大立功"是指检举、揭发他人重大违法犯罪行为或者提供查处其他重大案件的重要线索，经查证属实。

第二十六条【生效时间】本规则自 XX 年 XX 月 XX 日起施行。

索引